트럼프를
이기는 협상

트럼프를
이기는
협상

ⓒ 최용선 2024

인쇄일 2024년 12월 30일
발행일 2024년 12월 30일

지은이 최용선
펴낸이 오지영
디자인 그래픽웨일
펴낸곳 (주) 지소극
등록번호 제 2024-000225 호
주소 서울시 마포구 상수동93-69 3층
이메일 cheonsia@naver.com

ISBN 979-11-990226-0-7

문재인 정부와 트럼프 정부의
2018년 3월부터 2019년 2월까지 여정

트럼프를
이기는
협상

한미방위분담금 협상을
기록하다

최용선
문재인 정부 국가안보실 선임행정관

외교는 국익 중심의
치열한 경쟁과 협상의
예술입니다.
이재명
더불어민주당 당대표

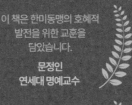
이 책은 한미동맹의 호혜적
발전을 위한 교훈을
담았습니다.
문정인
연세대 명예교수

국익과 평화를 위한
외교적 통찰을
제시합니다.
성경륭
상지대 총장

정책결정자들에게
꼭 필요한
귀중한 자료입니다.
형혁규
국회입법조사처 연구관

지소극

트럼프를
이기는
협상

한미방위분담금 협상을
기록하다

들어가며
이 책을 내는 이유

헌법 제60조는 '국가나 국민에게 중대한 재정적 부담을 지우는 조약' 또는 '입법사항에 관한 조약' 등의 체결·비준에 대한 동의권을 국회가 가진다고 규정하고 있다. 국회의 비준동의를 필요로 하는 조약인지 여부는 법제처 심사와 국무회의를 통해서 판단하고 있다. 하지만 국회의 비준동의를 받아야 하는 조약임에도 불구하고, 정부가 자의적으로 해석해 '조약'을 <양해각서>로 위장해 처리한 경우도 있다.

대표적인 사례가 '한-UAE 비밀군사협정'이다. 이명박 정부 당시 UAE에 원전을 수출하기 위해 비밀리에 맺어 말썽이 된 협상이다. 이 협상에는 UAE에 전쟁이 벌어지게 될 경우 다른 나라 분쟁에 자동으로 개입될 우려가 높은 우리군의 '파병' 내용이 담겨있다. 그럼에도 이명박 정부는 2009년 말 국회의 비준동의를 받지 않고 <양해각서> 수준으로 처리했다. 이 협상은 국방부와 외교부 관계자들이 비밀리에 진행했고, 뒤늦게 언론에 공개되어 큰 홍역을 치렀다. 이 사례로 인해 정부가 비준동의안을 국회에 제출하지 않고 조약을 자의적으로 처리해 버리면, 국회는 헌법상 동의권을 실질적으로 행사하기 어렵다는 지적이 제기되었다.

과거 우리 정부는 다른 나라와의 협상에서 몇 차례 '이면합의' 논란에 휩싸이기도 했다. 국민과 언론의 비난과 비판을 회피하기 위해, 혹은 국회의 비준동의 과정에 야당의 문제제기를 우회하기 위해, 협상의 과정과 내용의 일부 또는 상당수가 숨겨진 채로 공개됐던 것이다. 나중에 내부의 고발이나 폭로를 통해 협상의 이면이 수면 위로 강제로 끌어올려 지는 일들이 반복해서 일어났다. 이럴 때마다 국민과 국회는 협상의 원천무효를 외치고 협상의 결과는 정당성이 상실되는 일들이 벌어졌다.

대표적인 사례가 2005년 다수의 국가와 쌀 관세화 유예협정을 벌이던 노무현 정부가 중국 등과 맺은 '이면합의'다. 당시 노무현 정부는 협상의 투명성을 보장하기 위해 동참을 요구했던 민간위원에게도 관련 내용을 숨겼는데, 협상 내용이 언론에 밝혀지면서 큰 논란이 일었다. 또 하나 있다. 2014년 박근혜 정부 때 맺어진 제9차 한미방위비분담금 특별협정이다. 이미 현물지원 원칙이 확립되어 가던 '방위비분담금'에 다시 현금지원을 늘리는 예외조항을 신설하면서, 관련한 내용을 국회에 제대로 보고하지 않고 비준동의를 받았다. 이 건은 2017년 국회 외교통일위원회 국정감사에서 밝혀져 파문이 일기도 했다. 외교부는 자체 조사를 거쳐 사태의 진실을 고백했다. 반드시 국회에 보고해야 하는 내용을 고의로 포함시키지 않아 국회비준을 회피하고, 이면합의 의혹을 초래할 소지를 제공했다는 것이다.

상식적으로 모두가 국익을 위해 협상을 진행하고 조약을 맺으려 할텐

데, 왜 이런 일들이 벌어지는 것일까. 2005년부터 국회에서 근무했던 나는 국회의 비준동의권을 훼손, '이면합의' 반복 같은 일들이 왜 벌어지는지 늘 궁금했다.

박근혜 대통령 탄핵으로 2017년 봄에 치러진 19대 대통령 선거 당시, 나는 더불어민주당 문재인 후보 선대위에서 안보상황단 안보상황팀장으로 근무했다. 안보상황단 부단장으로 활동했던 박선원 국회의원은 참여정부 통일외교안보전략 행정관, 비서관으로 근무하며 겪었던 무용담을 종종 들려주곤 했다. 외교관 출신이 아니었음에도 북한의 비핵화를 위한 '6자회담'에 참여하게 된 이유, 문제 해결을 위해 아이디어를 많이 내 '꾀주머니'라는 별명까지 얻게 된 사연도 들었다. 대선에서 승리하고 청와대에 들어가게 되면 국익을 지키기 위한 여러 협상에 참여하는 일을 꼭 해보라는 조언도 해주었다. 그 조언은 인수위 없이 출범한 문재인 정부 국가안보실에 행정관으로 내가 배치되면서 곧 현실이 되었다.

이 책은 2018년 3월부터 2019년 2월까지 이어진 미국과 대한민국의 제10차 한미방위분담금 협상 과정을 회고하며 쓴 글이다. 나는 문재인정부 국가안보실 안보전략비서관실 행정관으로 제10차 SMA 협상단에 참여했다. SMA는 한미 정부 간의 공식 협정인 '주한미군 주둔비용에 관한 대한민국-미합중국간 특별조치협정'Special Measures Agreement의 약자이다.

나는 행정부를 감시하고 견제하는 역할인 국회에서 경력을 쌓아온 '외부자'였지만, 한미동맹 업무를 경험한 국방부와 외교부의 공무원들과 협력해 소중한 성과를 이뤄냈다. 이 책은 SMA 협상단의 일원으로 참여한 내부자이면서도 어쩌다 공무원이 된 외부자의 시선으로 당시의 협상을 회상하고, 기억을 최대한 더듬어 정리한 기록이다. ⑩차례 고위급 협의와 ㉚차례가 넘는 국방부와 주한 미군 사령부의 실무협의, 그리고 이 모든 협의를 준비하기 위해 외교부, 국방부 공무원들과 수십여 차례 만나 치열하게 토론을 마다하지 않았던 쟁투의 기록이기도 하다.

SMA는 국내 언론은 물론 미국의 언론에서도 뜨거운 취재 대상이었다. 시민단체와 국회에게 집중적인 비판과 감시의 대상이었다. 협상단은 국회에 보탬과 숨김없이 진행 상황을 공유했고, 때때로 난관에 봉착할 때마다 국회와 언론의 지원을 받으며 미국과 협상을 진행했다.

내가 제10차 SMA 협상의 기억을 되살려낸 이유는 한미동맹을 새롭게 바라보고, 호혜적인 한미동맹의 발전을 위해 고민하는 시간을 갖고자 해서다. 문재인 정부 청와대에서 근무한 기간 동안, 제10차 SMA 협상을 준비하고 진행한 시간들은 내게 진짜 나랏일을 한다는 사명감을 불어 넣어주었다. 원 없이 일했지만, 적잖게 아쉬움이 남아있다. 그래서 아직도 해야 할 일과 하고 싶은 일이 많다. 기억을 더듬어 책을 쓴 또 다른 이유는 더 강해지고, 더 노련해진 트럼프 2기 행정부가 한반도에 성큼성큼 다가오고 있기 때문이다.

2024년 11월 5일, 미국 대선에서 트럼프 후보가 승리했다. "대한민국은 '머니머신'이다." 대선 기간 트럼프가 내뱉은 이 말은 트럼프 2기 행정부가 한미동맹을 바라보는 태도를 전형적으로 보여준다. '부자나라' 대한민국이 공평한 분담을 하지 않고 있다는 인식은 트럼프의 오래된 지론이다. 트럼프의 결론은 간단하다. 더 많은 분담을 대한민국에게 받아내는 것이 미국의 이익에 부합한다는 것이다. 2024년 9월 한미 양국은 제12차 SMA 협상을 마무리 짓고, 미국 대선이 있기 하루 전인 11월 4일 협정문에 서둘러 서명했다. 이 자리에는 조태열 외교부장관과 필립 골드버그Philip S. Goldberg 주한미국대사가 참여했다. 하지만 트럼프 2기 행정부는 바이든 정부와 합의한 SMA에 대해 재협상을 예고하고 있다. 이런 상황에서 이 책의 내용이 방위비분담금과 관련하여 트럼프 2기 행정부가 어떤 행보를 해나갈 것인지 예상하고, 우리 정부와 국회가 이 문제를 공동으로 대처하기 위해 어떤 고민을 해야하는지에 대해 많은 시사점을 던져줄 것이다.

앞으로 이 책에서 구체적으로 다루겠지만, 제10차 SMA 협상에서 우리 협상단은 크게 다섯 가지를 지속적으로 강조했다. 첫째, 대한민국은 방위비분담금 체결로 한미동맹과 연합방위태세 강화에 기여하고 있다. 둘째, 대한민국의 분담금 규모는 합리적으로 공평한 수준에서 결정되어야 한다. 셋째, 우리가 한미동맹을 위해 기여하고 있는 것에 대해 미국은 객관적이고 긍정적인 평가를 해야 한다. 넷째, 대한민국의 변화된 위상과 호혜적 동맹 관계에 걸맞도록 분담금 집행 과정의 투명성과 책임성이 제고되어야 하고, 제도개선도 이 방향에서 이뤄져야 한다. 다섯째, 우리 국민과 국회가 충분히 동의할 수 있고, 지지할 수 있는 합의가 도출되어야 한다. 결과적으로 나는, 제 10차 SMA가 이 원칙을 최대한 반영하는 방향으로 진행되었다고 자부한다.

내가 좋아하는 말이 있다. '어려울 때 일수록 더 원칙적으로.' 힘든 결정을 내려야 할 때, 우리 협상단은 서로에게 끊임없이 다음과 같이 질문했다. 우리 국익을 위해 무엇이 더 바람직한 선택인가, 무엇이 우리 헌법과 법률에 더 부합하는 것인가, 무엇이 더 한미동맹의 호혜적 발전에 도움이 되는 것인가, 어떻게 해야 우리 국민과 국회의 동의를 받을 때 더 당당할 수 있을까.

이 책을 통해, 트럼프 2기 행정부와 협상 과정에서 우리 정부는 어떤 원칙과 기준을 세워야 할지 시사점을 찾을 수 있기를 기대한다. 다른 한편으로는 우리 국회가 어떻게 SMA 협상을 지켜봐야 하고, 정부에 자료를 요구해야 하고, 어디를 감시해야 할 것인지에 대한 실마리를 제공할 수 있을 것이라 믿는다.

유난히 무더웠던 2024년 여름 내내, 방위비분담금 협상과 관련한 언론의 보도 내용들을 일일이 찾아내고, 머리속에 정리되어 있지 않고 흩어져 있던 기억의 편린을 하나로 모으는 고통스러운 시간을 보냈다. 이 글에 나와 있는 여러 대화들은 최대한 기억을 더듬어 반영했고, 독자들의 이해를 돕기 위해 적당한 극화 작업이 들어갔음을 밝힌다. 하지만 사실관계에는 허위내용이 없도록 공개된 자료들을 꼼꼼히 살폈다. 한편으로는 전문 용어들을 쉽게 설명하려고 노력했음에도 SMA의 성격상 생소한 단어들이 많아 독해에 어려움이 있을 것으로 생각된다. 독자 여러

분에게 미리 양해의 말씀을 드린다.

트럼프가 총격 테러를 당했던 2024년 7월의 어느 날, 이 책을 써보면 좋겠다는 기획을 했다. 이 책이 나올 수 있도록 마지막까지 함께 고민을 나눠주고 지혜를 보태준 이정우, 장혁, 김재우, 그리고 오지영 대표와 '지소극'관계자 여러분에게도 큰 감사를 드린다. 부모님의 한없는 사랑, 아내와 가족의 묵묵한 응원으로 과거의 기억을 재구성하는 시간을 넉넉히 보낼 수 있었다. 덧붙여 감사의 마음을 전한다.

2024년 12월

여의도에서 **최용선**

추천사 1

"한국은 돈 찍어내는 기계Money machine지요. 우리는 한국으로부터 방위비 분담금을 매년 100억 달러(13조 8,000억원)는 받아내야 합니다." 트럼프 대통령이 지난 10월 15일 대선 기간 중 블룸버그 통신과의 인터뷰에서 했던 발언이다. 이는 바이든 행정부와 한국 정부가 11월 4일 12차 SMA에서 2026년 분담금으로 최종 합의한 1조 5,192억원의 9배에 달하는 액수다. 내년 1월 21일 출범하는 트럼프 2기 행정부가 방위비 분담 재협상을 요구할 것이 명약관화해 보이는 이유다.

어떻게 준비하고 대응할 것인가? 문재인 정부 국가안보실 안보전략비서관실 행정관으로 2018년 3월부터 2019년 2월까지 열렸던 10차 특별협상에 깊숙이 참여했던 저자 최용선은 이 책자에서 그 답, 즉 '트럼프를 이기는 협상'의 해법을 다각도로 제시하고 있다. 이 책은 4부로 구성되어 있다. 1부는 협상 전 준비 단계, 2부는 협상 전반전 미국의 압박과 우리 정부의 내부 조율, 3부는 협상 후반전으로 한미 간의 팽팽한 줄다리기, 그리고 마지막 4부에서는 협상 결과에 대한 진솔한 평가와 트럼프 2기 행정부와의 협상 전략에 대한 조언을 담고 있다.

이 책은 망원경의 거시적 안목에서 한미관계를 조망하고 있는가하면 당시 치열했던 분담금 협상 과정을 현미경 같은 미시적 시각에서 한땀 한땀 세세하게 기록하고 있다. 국제 정세의 흐름, 한미 간의 역학 관계, 국내 정치 행위자들, 특히 행정부의 각기 다른 부처, 그리고 국회와의 조율 과정을 생생하게 그려내고 있다. 트럼프의 블러핑과 몽니, 미측 수석 대표의 강온 양면 전술, 그리고 한국 대표단의 일관성 있는 태도 등에 대한 자세한 기술은 우리에게 주는 함의가 크다. 특히 방위비 분담과 관련된 국내법과 국제법 간의 충돌, 그리고 한미 군사 연습 및 훈련, 전략자산 전개, 미군 순환 배치, 창 정비와 주한미군 능력향상 비용 요구 등 방위비 분담 범위의 확장은 트럼프 2기에서 재연될 가능성이 크다. 이 점에서 이 책은 대미 협상의 중요한 지침서가 될 것이다.

저자 최용선은 트럼프 2기 미국과의 방위비 분담금 협상 관련하여 국익에 충실할 것을 강조하고 있다. 또한, 일관성 있는 미래의 원칙(일방적 수혜에서 쌍방 호혜성, 합리성과 공평성, 분담금 집행의 투명성과 책임성 등)을 세우고 협상에 임하라고 주문하고 있다. 압박에 굴하지 말고 창의적 대안을 모색하는 동시에 국회와 국내 여론을 최대로 활용하라는 조언도 잊지 않고 있다.

간명한 필체, 풍부한 사례, 그리고 피부에 와 닿는 정책적 함의가 이 책을 더욱 빛나게 한다. 대미 협상과 직접 관련된 정부 인사뿐 아니라 국회 관계자, 언론인, 학자, 그리고 한미관계와 한반도 안보에 관심을 가지는 모든 이들에게 강력히 일독을 권하는 바이다.

- 문정인

(연세대 명예교수, 전 문재인 대통령 외교안보 특별 보좌관)

추천사 2

이 책은 문재인 정부 국가안보실 안보전략비서관실에서 행정관으로 재직한 최용선 민주연구원 부원장이 2018년 3월부터 2019년 2월까지 이어진 미국과 대한민국의 제10차 한미방위비분담금 협상 과정을 기록하고 미래의 협상을 위해 교훈을 찾고자 한 책이다.

이 책이 특별한 것은 특정 시기에 극소수의 사람들만 경험할 수 있는 한미방위비분담금과 관련된 협상과정을 자세히 기록하고 체계적으로 분석한 데만 있지 않고, 협상에 임하는 저자의 공직자로서의 마음가짐과 원칙, 나아가 나름의 전략을 잘 보여준다는 데 있다.

저자는 국익의 확보와 한미동맹의 유지라는 상보성과 상충성을 동시에 가지고 있는 어려운 문제에 대응하면서도 두 가지 목표가 상충되지 않도록 하는 데 많은 노력을 기울였음을 증언하고 있다.

우선 그는 이명박 정부 시기의 '한-UAE 비밀군사협정', 노무현 정부 시기의 쌀 관세화 유예협정에서 중국 등과 맺은 '이면합의', 박근혜 정부 시기의 제9차 한미방위비분담금 특별협정에서 현금지원을 늘리는 예외조항 신설 등과 같은 사례에 주목하고, 비밀협정이나 이면합의를 하는 경우 굴욕적이거나 국익에 손상을 끼치는 경우가 많았음을 지적한다.

이런 인식에 기초하여 그는 제10차 한미방위비분담금 협상에서 국익을 지키는 동시에 바람직한 한미동맹의 토대를 잘 지켜내기 위해 늘 네 가지 질문을 마음 속에 품고 있었음을 고백한다. 우리 국익을 위해 무엇이 더 바람직한 선택인가, 무엇이 우리 헌법과 법률에 더 부합하는 것인가, 무엇이 한미동맹의 호혜적 발전에 더 도움이 되는 것인가, 어떻게 해야 우리 국민과 국회의 동의를 받을 때 더 당당할 수 있을까 하는 것이 바로 그것이다.

이런 질문을 제기할 때 가장 큰 쟁점으로 부각된 것은 당시 트럼프 미국 대통령이 한국을 '머니 머신'으로 규정하고 '주둔비용+50'(주둔비용의 50%를 추가 요구)을 요구한 것이었다고 한다. 이런 과도한 주장에 대응하여 저자는 대한민국이 방위비분담금 체결로 한미동맹과 연합방위 태세 강화에 기여하고 있다는 점과, 미국의 한반도 주둔군 28,500명은 동북아의 안정 유지 외에 한국에 거주하고 있는 미국의 민간인 23만여명을 외부로 안전하게 대피시키는 것을 중요한 목적으로 삼고 있으므로 한국이 과도한 방위비를 부담하는 것은 적절하지 못하다고 주장하고 있다.

이러한 주장은 우리의 국익을 지키면서 동시에 합리적인 토대 위에 한미동맹 관계를 견고하게 구축할 수 있는 공정한 접근이라고 평가할 수 있다. 조만간 '머니 머신'이라는 인식을 가지고 있는 트럼프

2기 정부가 출범하면 미국 정부는 예전에 요구했던 '주둔비용+50'이라는 카드를 한국에 다시 꺼내들 가능성이 클 것으로 예상된다.

이렇게 될 경우 한미관계는 국익수호와 한미동맹 유지라는 두 가지 상충적 목표 사이에서 큰 혼란을 겪게 될 수도 있다. 이런 상황이 발생하면 문재인 정부와 트럼프 1기 정부 시기에 진행된 제10차 한미방위비분담금 협상의 경험을 분석한 최용선 민주연구원 부원장의 저서가 향후의 한미방위비분담금 협상에서 큰 빛을 발할 것으로 확신한다. '국익을 수호하라, 동시에 호혜적 한미동맹 관계를 발전시키라' - 이것이 최 부원장이 다음 시대에 던지는 교훈이다.

- 성경륭
(상지대 총장, 전 참여정부 청와대 정책실장)

추천사 3

　도널드 트럼프의 백악관 복귀로 트럼프 포비아가 전세계로 확산되고 있다. 미국의 대내외 정책은 엄청난 속도와 폭으로 재편될 조짐을 보이고 있으며, 외교통상 분야에서의 불확실성은 예측이 불가할 정도로 커질 것이라는 게 전문가들의 예외없는 시각이다. 우크라이나 전쟁, 중동전쟁 등 극도로 혼란한 현 세계질서에서 트럼프의 등장은 외교·안보분야에서 한반도에도 엄청난 긴장을 조성할 것으로 보인다. 더욱이 12.3 비상계엄으로 대통령의 궐위가 예상되는 시점에서 그 긴장감은 더욱 높아지고 있다. 이런 와중에 한미방위비분담금 특별협정 SMA은 한미관계 있어서나 국내정치에 있어서 격렬한 논쟁과 갈등을 유발하고 혼란을 가중시키는 쉿스톰Shitstorm이 될 가능성이 높다.

　이 책을 읽다 보면 가장 눈에 띄는 저자의 주장은 '공정'과 '원칙'이다. 저자는 대한민국의 SMA 분담 규모는 공정한 수준에서 결정되어야 한다고 주장한다. 저자가 주장하는 '공정'은 70년이 넘는 동맹의 경험과 한국전쟁 이후 급속도로 발전해 온 우리나라의 안보역량과 동북아 안보질서에서의 기여가 객관적이고 합리적으로 평가되어야 한다는 것을 의미한다. 실제로 대한민국은 군사적으로 더 이상 미국에 대해 일방적으로 의존하고 있지는 않다. 이에 따라 한미동맹의 형

태도 장기적인 비전을 가지고 보다 유연하고 효율적인 동맹의 형태로 진화해 나가야 한다.

향후 한미동맹은 우리의 변화된 위상과 변화된 국제질서를 반영하여 과거 양극체제에서의 주둔형 동맹이나Stationary alliance, 특정 위협에 대한 국가들의 군사 이행 의지와 능력을 강조하는 능력형 동맹Capability-based alliance에서 벗어나 유사시 위협이나 전쟁으로부터 국가의 생존을 담보하는 정치형 동맹Political alliance을 지향해 나가야 한다. 따라서 한미간의 방위비용 분담Cost-sharing, 더 나아가 방위 분담Burden-haring이 '공정한 수준'에서 결정되어야 한다는 필자의 주장은 한미간의 분담이 특정 국가의 이익이나 정책을 일방적으로 반영하는 것이 아닌 동맹의 미래를 논의하는 가운데 합리적이고 공정하게 이루어져야 한다는 것으로 읽힌다.

'공정'이 미래 한미 양국이 달성해 나가야 하는 바람직한 동맹의 형태에서 비롯된 고민이라면, '원칙'은 미국과의 협상에 있어 우리나라가 갖추어야 할 태도Attitude, 즉 협상을 통해 보다 나은 결과를 이끌어내기 위해서 준비해야 하는 우리의 태도를 의미하는 것으로 보인다. 저자는 '어려울 때 일수록 더 원칙적으로' 협상에 임할 것으로 제안한다. 제10차 SMA 협상 당시 협상이 진행되는 과정에 힘든 결정을 내려야 할 때, 협상단은 우리 국익을 위해 무엇이 더 바람직한 선택인가, 무엇이 우리 헌법과 법률에 더 부합하는 것인가, 무엇이 더 한미동맹의 호혜적 발전에 도움이 되는 것인가, 어떻게 해야 우리 국민과 국회의 동의를 받을 때 더 당당할 수 있을까를 고민했다고 회고한다. 원칙과 기준이 확고할 때만이 보다 바람직한 결과를 내어 올 수 있다는 것이 저자의 주장이다.

저자와의 첫 인연은 저자가 문재인 정부 국가안보실 행정관으로 근무하던 2017년 말로 기억한다. 박근혜 정부에서 체결한 제9차 SMA의 이면합의 조사를 위한 자리였다. 수 차례에 걸친 조사와 검증 회의에서 저자는 크지 않은 체구에 나라 걱정을 두 눈에 한가득 담고 있었다. 저자가 이 책을 저술하게 된 동기는 아마도 이때의 경험 때문이었을 것이라 생각한다. 트럼프의 당선으로 올해 체결된 제12차 SMA에 대한 재협상 가능성이 점쳐지고 있는 지금, 제10차 SMA 협상대표단의 일원으로 참여한 저자가 이 책을 저술한 것은 결코 개인의 이력에 한 줄 더 보태기 위한 것은 아니었을 것이다. 예상컨대 우리나라 대통령의 궐위가 예상되고 제2기 트럼프 행정부의 외교적 폭주가 예상되는 지금, 미국과의 협상전략에 미력이나마 보탬이 되고자 하는 저자의 충정이 이 책에 녹아들어 있으며, 책을 쓰게 된 내적 요인이 되었을 것이다.

대통령의 궐위로 협상의 컨트롤 타워가 부재할 가능성이 농후한 우리나라는 트럼프 행정부가 재협상을 요구할 시 어느 때보다 어려운 협상 환경에 처할 가능성이 높다. 이러한 때 출판된 저자의 저술은 세상을 살아가는 저자의 유각양춘有脚陽春의 품성과 시우윤물時雨潤物의 지혜와 자세를 보게 한다. 2024년 유난히 더웠던 여름만큼이나 어지러웠던 천고만난千苦萬難의 국내외 정세 속에서 어려움과 고통을 이겨내고 비로소 빛을 보게 된 저자의 노력이 나라의 이익을 챙기고 정책을 결정하는데 중요한 토대가 될 수 있을 것이라 믿어 의심치 않는다.

　아울러 관련 정책을 입안하고 결정하는 정부의 정책결정자들이나 정부의 정책을 감시하고 올바른 길로 인도하고자 하는 국회의 여러 관계자들에게 필히 일독을 권한다.

- 형혁규

(국회입법조사처 연구관)

1. 조약 : 조약은 "단일의 문서 또는 둘 또는 그 이상의 관련 문서에 구현되고 있는가에 관계없이 또한 그 특정의 명칭에 관계없이, 서면 형식으로 국가간에 체결되며, 또한 국제법에 의하여 규율되는 국제적 합의"를 말한다.

조약의 주요 유형 　자세히보기

2. 비준동의 : 헌법 제60조 1항에 해당되는 조약의 경우, 국회는 조약의 체결과 비준에 대한 동의권을 가진다.

헌법 제60조 1항은 "국회는 상호원조 또는 안전보장조약, 중요 국제조직에 관한 조약, 우호통상항해조약, 주권제약에 관한 조약, 강화조약, 국가나 국민에게 중대한 재정적 부담을 지우는 조약 또는 입법사항에 관한 조약의 체결·비준에 대한 동의권을 갖는다"고 규정하고 있다.

헌법 제6조 제1항은 "헌법에 의하여 체결·공포된 조약과 일반적으로 승인

된 국제법규는 국내법과 같은 효력을 가진다"고 규정하고 있다. 헌법 제
60조 1항에 따라 체결된 조약은 공포를 거쳐서 국내법과 같은 효력을 가
지게 된다.

3. 이면합의 : 이 책에서 사용하는 '이면합의'는 국회에 보고되는 공개된 합
의 내용과는 별개로 비밀리에 서로 합의된 약속을 의미한다.

4. SOFA(Status Of Forces Agreement)협정 : 공식 명칭은 <대한민국
과 아메리카 합중국 간의 상호방위 조약 제4조에 의한 시설과 구역 및 대
한민국에서의 합중국 군대의 지위에 관한 협정>으로, 약칭 'SOFA 협정'이
라고 부른다. 국제법상 외국 군대는 주둔하는 나라의 법 질서에 따라야 하
지만, 특수한 임무를 수행하기 위해 일정한 편의와 배려를 제공하기 위해
맺어진 조약이다.

5. SMA(Special Measures Agreement) : SOFA 제5조(시설과 구역-
경비와 유지) 제2항에 따라 주한미군 주둔비용에 관한 대한민국-미합중
국 사이에 맺어진 특별조치협정을 의미한다. 1991년 제1차 협정을 시작으
로, 2021년 맺어진 제11차 협정의 유효기간은 2026년 12월 31일까지다.
SOFA 제5조 제2항, "대한민국은 합중국에 부담을 과하지 아니하고 본 협
정의 유효기간동안 제2조 및 제3조에 규정된 비행장과 항구에 있는 시설
과 구역처럼 공동으로 사용하는 시설과 구역을 포함한 모든 시설, 구역 및

통행권을 제공하고, 상당한 경우에는 그들의 소유자와 제공자에게 보상하기로 합의한다. 대한민국 정부는 이러한 시설과 구역에 대한 합중국 정부의 사용을 보장하고, 또한 합중국 정부 및 그 기관과 직원이 이러한 사용과 관련하여 제기할 수 있는 제삼자의 청구권으로부터 해를 받지 아니하도록 한다."

6. SMA 구성 : SMA에 따라 대한민국 정부가 지급하는 방위비분담금의 총액은 인건비(주한미군 소속한국인 근로자 임금), 미군기지 내 군사시설 건설비, 군수지원비(용역 및 물자지원)로 나누어 배정된다.

7. 민감특수정보시설 SCIF(Sensitive Compartmented Intelligence Facility) : CIA 등 미국 내 16개 정보기관을 통솔하는 국가정보국(DNI)이 정한 '첩보통신지침(ICD)705'의 적용을 받는 특수시설을 의미한다.

8. 국방수권법 NDAA(National Defense Authorization Act) : 한 해에 편성되는 미국 국방부 예산을 결정하기 위해 1961년부터 제정된 국방 예산 법안이다. 2025년 회계 연도 국방수권법 법안에는 "주한미군을 28,500명으로 유지한다"고 명시되어 있다.

9. 국가안전보장회의 NSC(National Security Council) : 우리나라 국가 안보·통일·외교와 관련된 최고 의결기구로, 대통령 직속 자문기관이다.

NSC 의장은 대통령이고, 상임위원장은 국가안보실장이 맡고 있다. 국가안전보장회의법에 따라 상임위원회의 위원은 외교부장관, 통일부장관, 국방부장관, 국가정보원장, 대통령비서실장, 국가안전보장회의사무처장 겸 국가안보실 1차장, 국가안보실의 제2차장 및 제3차장이 된다.

트럼프를
이기는
협상

한미방위분담금 협상을
기록하다

<제10차 한미방위비분담금 특별협정(SMA) 협상 일정>

①차 고위급 협의	3.7~9 미국 호놀룰루 하와이대학교
②차 고위급 협의	4.11~12 대한민국 제주도 제주평화센터
③차 고위급 협의	5.14~15 미국 워싱턴 D.C. 국방대학교
④차 고위급 협의	6.26~27 대한민국 서울 국립외교원
⑤차 고위급 협의	7.18~19 미국 시애틀 루이스-맥코드 기지
⑥차 고위급 협의	8.22~23 대한민국 서울 한국국방연구원
⑦차 고위급 협의	9.19~20 미국 워싱턴 D.C. 국방대학교
⑧차 고위급 협의	10.16~19 대한민국 서울 한국국방연구원
⑨차 고위급 협의	11.13~15 미국 호놀룰루 하와이대학교
⑩차 고위급 협의	12.11~13 대한민국 서울 한국국방연구원
가서명	2019.2.10. 대한민국 서울 외교부 청사

※ 수석대표 : (한측) 장원삼 방위비분담협상 대표(외교부),
　　　　　　 (미측) 티모시 베츠(Timothy Betts) 방위비분담협상 대표(국무부)

본서명	2019년 3월 8일 본서명

※ 서명 : (한측) 강경화 외교부 장관, (미측) 해리 해리스(Harry Harris) 주한미국대사

제①~⑩차 고위급 협의

서울
①③④⑨

시애틀
⑤

워싱턴 D.C.
⑥⑩

제주
②

하와이
⑦⑧

※제10차 한미방위비분담협정(SMA)은 총 10차례의 협의를 거쳐 진행되었다
(원 안의 숫자는 회차)

트럼프를
이기는
협상

한미방위분담금 협상을
기록하다

트럼프를
이기는
협상

한미방위분담금 협상을
기록하다

문재인 정부와 트럼프 정부의
2018년 3월부터 2019년 2월까지 여정

1부

협상 전

트럼프를
이기는
협상

한미방위분담금 협상을
기록하다

대통령 외교안보팀에 합류하다

나는 19대 대통령선거 더불어민주당 문재인 선거대책위 안보상황단에서 안보상황팀장으로 근무했다. 단장은 서훈, 부단장은 박선원씨가 맡았다.

탄핵 이후 치러진 대선 국면에서 문재인 후보는 당내 경선 때부터 외교 안보 문제와 관련해 분명한 대국민 메시지를 발표했다. 이러한 메시지 발표의 실무준비를 안보상황단이 담당했다. 안보상황단은 매일 아침 7시에 전날과 새벽까지 벌어진 한반도와 주변의 안보상황을 문재인 후보에게 서류로 보고했다. 또한 민감한 외교안보 현안과 관련하여 언론의 돌발질문에 대응할 수 있도록 PGPress Guide Line와 TPTalking Point를 준비해 첨부했다. 내가 팀장을 맡은 안보상황팀은 국내 및 해외 언론에 보도된 한반도 관련 안보 이슈를 요약하고, 간단한 입장을 정리해 매일 후보에게 전달되는 보고서의 초안을 작성했다.

문재인 후보의 당선이 확정된 5월 10일 새벽, 안보상황단 서훈 단장, 김명기 팀장(당시 안규백 국회의원 보좌관)과 함께 나는 당선인의 홍은동 사저에서 대기했다. 문재인 후보의 당선이 확정되면 이순진 합동참모회의 의장으로부터 군 통수권을 이양받는 행사를 안보상황단이 진행하기 위해서였다.

북한은 연일 미사일 실험을 하고 있었다. 황교안 대통령 권한대행은 대선 운동이 한창이던 2017년 4월 말에 전격적으로 경상북도 성주에 고고도 탄도탄요격 미사일인 사드THAAD : Terminal High Altitude Area Defense를 배치했다. 한반도의 안보여건은 예측하기 어려운 일촉즉발의 상황으로 빠져들고 있던 터라 군 통수권 이양은 매우 상징적인 의미를 가졌다. 문재인 대통령이 군 통수권자로서 가장 먼저 해야 할 일이 군 통수권 이양 절차이기도 했다.

5월 9일 저녁 KBS·MBC·SBS 방송 3사의 사전 출구조사 결과 문재인 후보의 당선이 유력한 것으로 나왔다. 대통령경호실은 곧바로 군 작전 상황을 보고받을 수 있도록 도청이 불가능한 '비화폰'을 서울 홍은동 사저에 설치했다. 서훈 안보상황단장은 김용현 합참 작전본부장과의 통화를 통해 비화폰이 제대로 설치되었는지 확인했다. 박근혜 대통령이 탄핵을 당해 전임 군 통수권자가 없는 상태에서 새 대통령이 군 통수권을 이양받는, 사상 유례가 없는 낯선 풍경이었다.

중앙선거관리위원회가 문재인 후보의 당선을 공식적으로 의결하는 순간, 문 대통령은 국군의 작전권을 지휘하고 있는 이순진 합동참모회의 의장에게 군 통수권자로서 첫 권한을 행사했다.

"지금 우리 안보태세나 국가 동태나 이런 쪽에 특별한 문제는 없습니까?"

"대통령님, 전군 작전 태세에 아무 이상이 없습니다. 핵실험장과 장거리 미사일 등 북한의 전략, 전술적인 도발 가능성은 있는 상황입니다."

"우리 군의 역량을 믿습니다. 우리 국민의 안전을 위해 대비 태세에 만전을 기해주시기 바랍니다."

문재인 대통령은 2017년 5월 10일 아침 8시 경, 이순진 합참의장으로부터 군통수권 이양 보고를 받은 이후 대통령 취임 선서를 위해 국회로 향했다.

문재인 대통령이 떠난 뒤, 나는 서훈 단장, 김명기 팀장과 함께 사저 인근에 있던 허름한 순대국밥집에서 아침식사를 함께 했다. 뜬눈으로 밤을 새우고 군통수권 이양 행사까지 무사히 마치고 나니 피곤이 한꺼번에 몰려왔다. 고생했다, 또 만나자. 서훈 단장이 어깨를 두드려 주었다. 인사를 드리고 헤어졌다.

나를 포함해 안보상황단 구성원들은 서훈 단장이 문재인 정부 초대 국가안보실장을 맡을 것으로 예상했다. 내심, 서훈 단장이 국가안보실장이 되면 나도 국가안보실에서 근무를 할 수 있을 것이라는 막연한 기대도 있었다. 그러나 우리의 기대와는 달리 10일 오후 서훈 단

장은 문재인 정부 초대 국정원장으로 임명됐다. 국가안보실 근무를
기대했던 나로서는 많이 아쉬웠다.

2

청와대에서 걸려 온 전화 한 통

　문재인 정부는 대통령직 인수위 과정도 없이 5월 10일부터 곧바로 업무를 시작했다. 비서관과 행정관 인선을 하지도 못한 상태였다. 정권이 바뀌었지만 각 부처에서 파견된 박근혜 정부 청와대 인사들도 부처로 복귀하지 못한 채 출근하고 있었다. 문재인 정부 청와대에서 근무할 인사들도 신원조회와 검증 등의 절차를 거쳐야 해서 아주 제한된 인원들만 출근하고 있었다. 믿을 만한 실무인력이 매우 부족한 상황이었다.

　2017년 5월 14일 오후, 북한의 미사일 도발이 있던 날이었다. 청와대 인사로부터 전화가 걸려 왔다. 누구에게도 알리지 말고 곧바로 청와대로 오라 했다. 그렇게 나는 2017년 5월 15일부터 청와대로 출근했다.

　국가안보실에 배치되어 업무를 볼 것으로 예상했다. 박근혜 대통령이 임명한 김관진 국가안보실장, 임종득 국방비서관, 권영호 국가위기관리센터장을 비롯해 상당수 국가안보실 인원들이 그대로 근무를 하고 있었다. 문재인 정부 첫 국가안보실장과 차장, 비서관이 임명되지 않은 탓에 나는 윤건영 국정상황실에서 더부살이를 하게 되었다.

북한은 연일 미사일을 발사해댔다. 나는 국가안보실을 새롭게 구성하는 임무를 맡아 밤낮없이 일하고 있었다. 마음 한편에는 신원조회와 검증을 통과하지 못해 도로 쫓겨나면 어쩌지 하는 불안감이 있었다. 그렇지만 인수위도 없이 출범한 문재인 정부가 제대로 일을 할 수 있도록 내가 기여할 수 있다는 점에 감사했다. 이것만으로도 내 역할은 충분할지 모른다는 생각도 가졌다. 두 달 간의 신원조회와 검증 과정을 거쳐 7월 14일, 나는 마침내 국가안보실 안보전략비서실 3급 행정관으로 정식 임명됐다.

내가 근무를 시작한 국가안보실에는 1차장실 산하에 안보전략비서관실, 국방개혁비서관실, 평화군비통제비서관실이 있었다. 2차장실 산하에는 외교정책비서관실, 통일정책비서관실, 정보융합비서관실, 사이버안보비서관실이 있었다. 그리고 국가안보실장 직속으로 국가위기관리센터를 배치했다.

통상 청와대라고 하면 서울특별시 종로구 청와대로 1(세종로)에 위치한 푸른 기와의 대통령 본관 집무실 건물을 포함하여 비서들이 근무하는 공간 모두를 의미한다. 미국 대통령과 부통령, 그리고 대통령을 보좌하는 직원들이 근무하는 공간을 '백악관'이라 말하는 것과 같은 의미다.

청와대는 대통령비서실과 대통령경호처, 그리고 국가안보실로 구성되어 있다. 각각이 행정부의 수반이자 국가원수인 대통령을 보좌하고 대통령의 명을 받아 헌법과 법률에 보장되어 있는 절차에 따라 행정 각부를 통할하는 별도의 국가기관이다.

대통령비서실과 국가안보실 인원들은 대통령이 바뀔 때마다 새롭게 구성된다. 물론 대통령비서실에서 계속 근무하는 소수의 공무원(6급 이하 행정요원)들이 있지만, 5급 이상의 공무원들은 정권이 바뀌면 대부분 교체된다.

대통령비서실과 국가안보실에는 장관급인 비서실장, 정책실장, 국가안보실장이 있다. 차관급으로는 대통령비서실 수석비서관과 국가안보실 1·2차장이 있다.(윤석열 대통령 국가안보실은 3차장까지 존재) 수석비서관 및 1·2차장 산하에 각급 비서관실 존재하고, 비서관은 고위공무원 가급에 해당한다. 비서관실에는 고위공무원 나급인 선임행정관과 행정관(3급~5급) 약간 명으로 이뤄진다.

대통령비서실 수석비서관과 국가안보실 차장은, 정무직 공무원 임명 절차에 따라 인사비서관실이 인사혁신처를 통해 대통령께 재가를 요청해 임명한다. 대통령비서실과 국가안보실 각급 비서관은 총무비서관이 대통령께 인사 추천을 하고 인사검증 절차를 거쳐 임명한다. 선임행정관 이하 행정관 충원의 경우 각급 비서관실에서 대통령비서실 총무비서관실을 통해 필요 인력에 대한 수요를 요청하고, 총무비서관실에서 필요인력의 업무와 경력사항에 맞춰 정부 부처의 추천을 받아 인사검증을 거쳐 임명한다.

별정직 행정관 선발은 각 부처의 직업공무원들을 충원하는 방식과 다소 차이가 있다. 우선 각 수석비서관이나 비서관의 추천을 받거나, 여당 국회의원의 보좌관이나 대선 캠프에서 두각을 나타냈던 인사들 가운데 추천을 받아 인사검증 절차를 거쳐 임명한다.

대통령비서실과 국가안보실 행정관의 경우 별도로 시험을 거치지는 않는다. 하지만 정부 각 부처의 추천, 혹은 수석비서관과 비서관 이상의 추천과 심층면접, 그리고 엄격한 검증을 거쳐 임명되기 때문에 전문성이 떨어지는 인사가 추천될 가능성은 지극히 낮다.

국가안보실 행정관으로서 나의 첫 임무는 국가안보실 행정관과 행정요원들에 관한 인사(충원 및 평가)와 조직개편이었다. 곧바로 한미동맹 이슈 가운데 반환 미군기지 이전 문제 해결, 그리고 제10차 SMA 협상 업무가 추가됐다.

국가안보실에서는 안보실장부터 행정요원까지 포함해 8개 비서관실에 약 110명이 넘게 근무했다. 직원 가운데 일반직(이른바 늘공)과 별정직 공무원(이른바 어공)이 대략 40%였고, 외교부와 국정원, 경찰청 등에서 파견 나온 특정직 공무원이 60%를 차지했다. 인수위도 없이 출범한 초기에 국가안보실 행정관과 행정요원들을 뽑고, 배치하고, 평가하고, 관리하는 임무를 혼자서 처리하는 일이 만만치 않았다.

2017년 8월 즈음 국가안보실 행정관과 행정요원 선발이 얼추 마무리되었다. 이때부터 나는 문재인 대통령과 트럼프 대통령 사이에 가장 첨예한 쟁점으로 떠오른 제10차 한미방위비분담금 협상 준비 업무를 본격적으로 시작하게 되었다.

3

트럼프의 선전포고

한미방위비분담금 협상은 문재인 대통령이 후보 시절부터 굉장히 중요하게 여긴 한미동맹 이슈였다.

박근혜 정부 당시 장명진 방위사업청장은 "미군이 방위비를 인상하면 받아들일 수밖에 없다"고 발언했다. 이에 대해 문재인 대통령은 후보 시절 "조금 정신나간 발언"이라고 수위 높은 비판을 하기도 했다. 문재인 후보는 "내가 대통령에 당선되면 방위비협상이 쉽지 않을 것"이라며 자신감을 내비쳤다. 미국의 요구에 일방적으로 끌려다니는 협상을 해서는 안 된다는 것이 문 대통령의 생각이었다.

2016년 11월 대통령 선거에서 당선된 트럼프는 2017년 1월 임기를 시작하자마자 "한국이 방위비분담금을 대폭 인상해야 한다"며 우리 정부를 공개적으로 압박하기 시작했다. 이러한 트럼프의 입장은 대통령으로 취임하기 한참 전부터 보여준 일관된 것이었다. 대통령이 되기 훨씬 전인 1990년 3월 《Playboy》잡지와의 인터뷰에서 트럼프는

"미국의 도움이 없었으면 세계지도에서 없어졌을 나라들 가운데 지금은 부유한 나라들에 대해서도 아무런 대가 없이 보호해주고 있다"고 언급할 정도였으니, '대폭인상'은 오랜 기간 굳어진 트럼프의 신념이기도 했다. 트럼프는 자신의 트위터에 방위비분담금과 관련하여 자주 언급했는데, 2013년 4월 13일에는 "대한민국은 미국이 제공하는 지원에 어떤 형태로든 대가를 지불해야 하며 미국은 대가 없이 지원해주는 멍청한Stupid 행동을 중단해야 한다"는 글을 게시하기도 했다.

2016년 2월에는 "우리는 북한의 미치광이Maniac에게서 대한민국을 보호하고 있는데, 그들은 지극히 미미한 푼돈Peanuts만을 지불하고 있다"며, 미 대선 캠페인 과정에서 노골적인 불만을 드러내기도했다. 2016년 3월에는 뉴욕타임즈와의 인터뷰에서 "만약 대한민국이 충분히 방위비분담금 기여를 늘리지 않는다면 주한미군을 철수할 수 있다"고 엄포를 놓기까지 했다.

트럼프는 문재인 대통령과 6월 30일 첫 한미정상회담 이후 백악관 로즈가든 공동 기자회견에서 한미 양국의 기나긴 방위비분담금 협상의 서막을 알리는 선전포고를 언론에 생중계했다.

"우리의 목표는 바로 이 역내 평화와 안정과 번영입니다. 그리고 미국은, 미국이라는 자국을 늘 항상 방어할 것입니다. 그리고 우리는 항상 우리의 동맹국들을 방어할 것입니다. 그러한 공약의 일환으로서 우리는 같이 협력하고 있습니다. 그렇게 해서 주한미군 주둔의 비용이 공정한 부담이 이뤄질 수 있도록 할 것입니다. 주둔 비용의 분담은 굉장히 중요한 요소가 있고, 앞으로 더욱 더 중요해질 것입니다. 특히나 이 행정부에서는 그렇습니다."

한미동맹 이슈는 외교정책비서관실에서 담당했다. 트럼프와의 첫 한미정상회담을 마치고 복귀한 정의용 국가안보실장은 한미동맹이슈에 속하는 방위비분담금 협상을 안보전략비서관실 업무로 옮겼다. 일반적인 양자관계 이슈를 다루는 '외교정책'이 아니라 '안보전략' 차원에서 이 문제를 접근해야 한다는 문제의식이 반영된 업무조정이었다. 정 실장은 국가안전보장회의NSC에서 제10차 한미방위비분담금 협상 준비를 공식적으로 논의하고, 외교부와 국방부에 철저한 준비를 당부했다. 국가안보실에서는 곧바로 외교부와 함께 방위비 협상대표(대사급) 후보를 찾는 작업에 들어갔다.

협상 대표 임명은 3개월 정도 지난 2017년 11월에야 이뤄졌다. 외교부 내에서 북미국장 등 업무를 수행했던 후보군을 포함해 다수의 인사들이 추천되었으나, 쉽게 결론을 내지 못했다. 그러던 차에 장원삼 주스리랑카 대사가 협상 대표로 임명됐다. 한미동맹 업무를 맡은 바 없었던 장 대사가 협상 대표로 임명되자 외교부 주변에서는 다소 놀라는 눈치였다. 참여정부 시절 청와대 민정수석실 행정관으로 근무했던 인연이 발탁의 주요 배경이되었을 것이라는 언론의 보도도 이어졌다. 장 대표는 외무고시 15회로 외교부 내에서는 동북아국장, 주중공사를 맡았던 중국통 혹은 통상전문가로 분류됐다. 그런 그가 한미동맹 이슈 가운데 가장 뜨거운 방위비분담금 협상 대표를 맡게 되니 그럴 만도 했다. 조태용, 조병제, 황준국 등 외교부 북미국장 중심의 미국통들이 협상대표를 맡았던 과거와는 확연한 차이를 보이는 인사임에는 분명했다.

협상대표가 임명되자 외교부는 물밑에서 운영하던 한미 방위비분담금협상 테스크포스를 11월 20일부터 공식화하고 본격적인 협상 전략 준비에 나섰다.

우리 협상단은 장원삼 대표를 비롯해 외교부, 국방부, 국가안보실 담당관 등을 포함해 총 25명이었다. 9차까지의 SMA 협상은 주로 외교부와 국방부 내 미국통이 주도를 해왔다. 그래서 대체로 외교부 북미국장 같은 인사가 협상 대표로 임명됐는데 이번에는 달랐다.

어떤 사람이 대표로 오느냐에 따라 그 협상의 방향이 달라질 것은 당연하다. 때문에 기존의 협상 대표와 색다른 이력을 지닌 대표 임명은 새로운 시각으로 협상을 진행하자는 문재인 정부의 의중이 드러난 첫 행보로 비춰지기에 충분했다.

외교부에서는 시카고 부총영사관 출신의 이재웅 부대표를 주축으로 한미안보협력과, 그리고 주미한국대사관에서 정치 군사업무를 담당하는 외교관들이 협상에 참여했다.

국방부에서는 제9차 SMA 협상에 부대표로 참여했던 박철균 국제차장(육사42, 준장)을 주축으로 미국정책과장, 미국정책과·군수기획과·건설관리과 사무관과 법무관이 결합했다. 주한미군 방위비 집행 과정의 문제점을 정확하게 지적하고 불합리한 제도 과업에 정통한 실무인력들이 필요해서 5~8년차 사무관들의 상당수가 주축으로 참여했다.

국가안보실에서는 나를 비롯해 안보전략비서실에서 한미동맹 업무를 담당하는 행정관 3명이 참여했다. 국가안보실 소속 3명의 행정관 협상 참여는 이전에는 없던 일이었다. 문재인 정부가 방위분담금 협상에 그만큼 관심을 가지고 적극적으로 협상에 참여하겠다는 의지를 단적으로 보여주는 대목이기도 했다.

전초전

2018년 평창 동계올림픽으로 남과 북 사이에 평화적인 대화 무드가 조성 되고 있을 무렵, 제10차 SMA 협상도 물밑 사전 접촉을 끝내고 본격적으로 협상 일정이 조율되고 있었다. 우리 협상단 참여인원들에 대한 정보가 외교부 공식 라인을 통해서 미측에 사전 통보됐다. 물론, 미측도 미측 참여인사들에 대한 간략한 정보를 우리 협상단에 전해 왔다.

그즈음, 나는 미 국무부와 국방부 관계자들이 우리 국방부와 외교부 공무원들에게 접촉해 오고 있다는 이야기를 들었다. 미 국무부에서 대한민국 업무를 담당하는 미국 외교관이 국가안보실에 근무하고 있는 대한민국 외교부 파견 공무원에게 '오랜만에 한국에 출장을 오게 됐는데 편하게 저녁식사를 요청한다'는 내용이었다. 비슷한 시기에 미 국방부에 근무하는 인사가 국가안보실에 근무 중인 또 다른 선임행정관에게 '서울에 방문하게 됐는데, 식사를 하자'며 접촉을 시도

한다는 이야기도 들려왔다.

미 국무부와 국방부 공무원들이 우리 국가안보실 소속 행정관들까지 비공식적으로 접촉을 해온다는 이야기를 듣고, 나는 관련 사실을 대통령비서실 공직기강비서관실에 통보했다. 대통령 비서실과 국가안보실 행정관, 행정요원들의 경우 외국 정부 기관 직원들을 만날 경우, 대통령 비서실 보안관리규정 상 사전에 관련 부서에 통보를 하게 되어 있다. 승인을 받지 않고 만났을 경우에는 사후에라도 반드시 접촉 사실을 문서로 작성해 공직기강비서관실에 통보해야 한다. 공직기강비서관실은 대통령비서실과 국가안보실 수석비서관 이하 행정요원에까지 보안 복무 점검과 사례 교육을 정례적으로 실시했다. 외국 정부 및 정보기관과의 접촉 시 사전 혹은 사후 보고 절차를 꼼꼼하게 전파했다.

협상에 돌입하기 전 나는 사전 동의를 얻어 제10차 SMA 우리 정부 협상단의 휴대폰 도청 여부를 방첩 업무 담당 기관에 요청했다. 우리 정부의 협상 전략이나 협상에 참여하는 인물들의 세부 정보가 미국 정보기관이나 미 국무부, 또는 국방부 관계자들에게 유출되는 것을 막는 일은 매우 중요할 수밖에 없다. 우리 내부부터 마음가짐을 단단히 다질 필요도 있고 해서 휴대폰 도청 여부를 요청한 것이다.

우리 협상단이 미국에 도착하기 전과 떠난 뒤에 협상 관련 준비 문건을 호텔에 흘리거나 하지 않도록, 그리고 미측 정보기관에서 우리 협상단의 정보를 얻기 위해 어떠한 행위도 하지 못하도록 선행조치를 해달라고도 요청했다. 통상 대통령이 해외 순방을 떠나면 수행원들이 순방과 관련한 문건을 호텔에 흘리고 다니는지를 우리 정보기관에서 보안점검을 하고 위반 시에는 상응하는 조치를 취한다. 우리 협상단에도 비슷한 보안규정을 요구할 필요가 있었다.

그래서였을까. 제10차 SMA 협상을 진행하는 동안 언론에 협상 내용이 유출되는 일도 없었고, 보고되지 않은 채 협상단 인원들이 미측 협상단과 접촉하는 일도 발생하지 않았다.

한미 방위비분담금이란

대한민국은 1991년부터 주한미군 주둔 비용 중 일부를 분담해오고 있다. 제1차 SMA가 1991년에 체결되었고, 2024년에는 제12차 SMA 협상이 트럼프 당선 직전에 마무리 됐다.

1991년 이전까지는 주둔군 지위협정인 SOFAStatus Of Forces Agreement 제5조에 따라 주한미군 주둔 비용과 대부분의 군사 시설 건설 비용을 미국이 자체적으로 부담했다. 그러나 미국은, 자국의 국방재정이 악화되고 대한민국의 경제력이 성장하면서 주한미군 주둔 비용을 대한민국도 분담해야 한다고 요구하기 시작했다. 나아가 SOFA 제5조의 '예외'적인 조치로 양국 정부의 합의에 따라 방위비를 분담하는 SMA를 별도로 맺게 되었다.

최초에 미국은 '책임분담'을 제시했다. 세계 평화를 위해 동맹국이나 우방국들이 그 책무를 나눠 담당하기 위해서라는 이유를 댔다. 그러나 점차 이는 '부담분담'이라는 용어로 변화되었다. 부담분담에는 각 국가의 국방비, 군사력 현대화 비용, 전투 부대의 규모, 기동 및 군수지원 부대의 규모, 다국적 평화활동, 대외원조, 그리고 비용분담 등이 포함되었다.

비용분담은 직접 지원과 간접 지원으로 나뉜다. 직접 지원은 미군이 지출하는 비용을 현금으로 직접 분담해주는 것이다. 간접 지원은 세금, 토지나 시설 사용료 등의 면제를 말한다.

한미방위비분담금은 주한미군 주둔 비용 중 일부를 우리가 미국과 함께 분담하는 것이다. 비용분담 항목은 크게 나눠 주한미군이 고용하는 근로자 인건비, 군사건설비, 군수지원으로 구성되어 있다.

SMA라는 이 특별협정은 국제법과 같은 효력을 발생시키기 때문에 우리 국내법 규정과 상충되는 조항이 담겨서는 안 된다는 것을 우리 협상단 모두가 인식할 필요가 있었다. 세부적인 협상 전략을 마련하는 과정에서는 협정문에 쓰이는 단어 하나 하나를 명확하게 정의를 하는 것에 집중했다. 또한 SMA의 항목들을 법적으로 명확하게 정의 하는 것도 중요했다. 예를 들면 SMA 협정문 제1조는 이렇게 되어 있다.

"대한민국은 이 협정의 유효기간 동안 주한미군지위협정 제5조와 관련된 특별 조치로서 주한미군의 주둔에 관련되는 경비의 일부를 부담한다."

SMA는 협상을 추진하기 앞서 대한민국과 미국 정부가 용어의 정의를 분명하게 해야 할 문구가 많았다. 1991년 SMA를 처음 맺었던 시점으로부터 대략 30년이 흘러 대한민국의 경제는 개발도상국에서 글로벌 중견국가로 빠르게 성장했다. 양국 정부가 어쩌면 당연하다고 생각했고 한 번도 의심해 본 적이 없었던 한미동맹에 대한 인식도 변화하고 있다는 점을 적잖게 느낄 수 있었다. 특히 제10차 SMA 협상을 앞두고 출범한 트럼프의 시대는 그 어느 때보다 한미동맹에 관한 분명한 용어의 정리, 가치의 재정립을 요구 받고 있는 상황이었다.

분명히 해야 할 용어와 개념들은 차고 넘쳤다. 이를테면 '주한미군'은 누구이고 규모는 얼마나 되는가. 한반도에 '주둔'한다는 것은 어느 지역까지를 의미하는가. 며칠 이상 머물 경우를 '주둔'이라고 볼 수 있는가. 주한미군이 사용하는 경비는 무엇들이 있고 여기서 일부 A part of를 부담한다고 했을 때 어느 범위까지를 일부로 봐야 하는가.

SMA는 국가 대 국가로 맺는 국제법 혹은 특별법적 지위를 가지는 협정문이면서 막대한 국민의 세금을 부담해야 하는 청구서의 성격을 띠게 된다는 점에서 대충대충 넘어갈 수 없었다.

나는 제9차 SMA 협상까지 너무나 당연하게 사용해온 이 용어들에 대해 질문하기 시작했다. 국회의 비준동의를 받는 과정에 제대로 설명되지 않는 국가간 협정의 속살을 외부자의 시선으로 바라보게 되었으니, 궁금한 것을 물어보는 것은 너무도 당연했다. 또한 나는, 협정의 여러 정의들에 대해 주한미군이 우리와 동일하게 인식하고 있는지, 미 국무부와 국방부는 혹시 다르게 생각하고 있지는 않는지 궁금했다. 당연하게 생각하는 SMA 협정문의 문구 하나하나가 대한민국과 미국의 협상단 모두에게 분명하게 정의되지 않으면 같은 공간에서 서로 다른 숫자와 다른 법적인 기준을 들이대며 헛바퀴를 돌리게 될 것 같았다. 트럼프는 방위비분담금 특별협정을 아주 '특별하게' 생각하고 있었다. 협정 용어들에 대한 정의에 이견이 없어야 미국이 요구하는 대로 끌려가지 않을 것이란 판단이 들었다. 아닌 게 아니라, 제10차 SMA 협상을 진행하는 내내 지난 30년간 한미동맹의 근간이 되었던 이 간단한 용어들에 대해 한미 양국은 명쾌하게 합의하지 못하고 있었다는 점이 쉽게 드러났다. 참으로 허망했다.

6

협상단으로 일한다는 것

SMA 협상은 대한민국과 미국을 오가며 진행된다. 당연히 오랜 시간 비행을 할 수밖에 없는데, 인천과 워싱턴으로 오가는 14시간 동안에도 협상단 실무자들은 쉴 새가 없었다. 계속해서 협상을 위한 실무 준비를 해야 하기 때문이다. 좁은 이코노미 좌석에서 14시간씩 쉬지 못하고 오가는 것은 결코 쉬운 일이 아니다. 고위공무원단은 출장 시 비즈니스 좌석을 타도록 규정이 되어 있지만 3급 이하의 공무원들은 모두 이코노미 좌석을 탄다. 쉽게 말해 장군 정도는 되어야 비즈니스석에 타는 것이다. 한미방위비분담금 협상은 총 ⑩차에 걸쳐 거의 1년 정도 시간이 걸렸다. 평균 2달에 한 번 정도로 장기간 출장을 하다 보니 그야말로 몸이 녹아나는 일의 연속이었다.

국가 간 협상을 준비할 때 협상단이 대통령과 직접 회의를 하며 진행할 것으로 생각하기 쉽지만, 실제는 그렇지 않다.

협상단 차원에서 협상 전략이 마련되면 국가안전보장회의NSC에 안건으로 보고가 된다. 협상단은 매번 회의에 앞서 미측 동향과 우리측 대응 방향을 담은 보고서를 NSC 실무조정 회의와 상임위원회 회의에 보고한다. 협상 전략과 회의 진행 방향에 대한 지침을 받기 위해서다. 대통령의 의사결정이 필요한 사안들은 국가안보실장이 대통령께 건의하는 과정을 거친다. 물론 국가안보실장의 자의적인 판단은 아니다. 국가안보실장, 국가안보실 1·2차장, 대통령비서실장, 외교부장관, 국방부장관, 통일부장관, 국정원장, 국무조정실장이 참여하는 NSC 상임위원회 회의를 거쳐 마련된 대응 방향을 대통령께 건의하는 방식이다.

때문에 협상단이 직접 대통령을 만나 지침을 받는 경우는 없었다. 정부의 입장이 정리된 문서를 NSC에 보고하고, NSC에서 숙의를 거쳐 그 결과를 대통령께 보고한다. 협상단은 매 협상마다 대통령의 지침을 국가안보실장에게 받았다. 미국도 마찬가지로 같은 프로세스를 밟아서 협상과 관련한 훈령을 대통령으로부터 받았다.

국가안보실 소속으로 협상단에 참여한 나는 협상 관련 수많은 보고서를 작성해 주기적으로 대통령이 판단할 수 있는 정보와 논리를 제공했다. 또 협상을 다녀올 때마다 국가안보실 보고 체계를 거쳐 '메모 보고' 형태로 대통령께 보고했다.

대통령비서실과 국가안보실에서 행정관과 비서관이 대통령에게 보고하는 보고서는 크게 두 가지로 분류된다. 첫째는 대통령의 의사결정이 필요한 보고서이다. 이 경우는 행정관 혹은 비서관 → 수석비서관 또는 안보실 1·2차장 → 비서실장 또는 안보실장 → 대통령으로 이어지는 '문서보고' 형태로 이어진다. 행정관이나 비서관이 보고서를 작성해 상급자에게 보고를 하면, 상급자가 대통령이 의사결정을 해야 하는데 필요한 의견을 달거나, 부족한 내용이 있으면 문서 작성자에게 반려나 보완을 지시해 참모로서 대통령이 의사결정을 하는데 필요한 정보를 제공한다. 둘째는 대통령이 당장에 의사결정을 하지 않아도 되지만 반드시 인지해야 할 내용들을 담은 '메모보고'이다. 행사기획이나 정보보고, 회의 결과보고, 참고보고 등이 여기에 해당한다. 이 보고 형태는 대통령을 포함해 국가안보실장과 비서실장, 수석비서관과 비서관, 그리고 협조가 필요한 행정관에게까지 광범위하게 전파하는 방식이다. '문서보고'와 달리 꼼꼼하게 결재라인을 거치지 않는 보고서이기 때문에 '메모보고'는 왕왕 문제가 되곤 했다. 대통령의 의사결정을 받아야 할 내용의 보고임에도 불구하고 메모보고로 전달되는 사례들이 적지 않았다. 이 때문에 주의를 당부하는 지침이 주기적으로 대통령비서실 및 국가안보실 행정관·비서관에게 전파되곤 했다.

나는 매번 회의가 이뤄질 때마다 쟁점과 핵심이 무엇이었는지, 협상장에서 미측 협상단은 어떤 분위기와 뉘앙스에 방점을 찍고 논의를 이끌었는지, 그리고 그것으로 인해 앞으로 어떤 문제가 발생할지, 그 문제는 어떻게 해결해야 한다고 생각하는지를 2~3쪽 정도로 정리해 대통령께 '메모보고'를 했다. 협상단 차원에서 결과 보고서가 나오기 전에 국가안보실 구성원으로서 협상을 다녀온 결과를 대통령께 보고하는 것은 매우 부담되는 일이었다. 대통령이 보고서를 읽고 의문이 들거나 추가적인 보고가 필요한 경우 전자메모를 통해 지시하는 방식으로 소통이 이뤄졌으나, 최대한 대통령이 의문이 들지 않으면서도 너무 시시콜콜한 내용까지 포함하지 않도록 균형을 유지하는 것이 늘 숙제였다.

이면 합의 논란

제10차 SMA 협상단 업무를 시작하면서 나는 제9차 SMA까지의 협상 과정을 꼼꼼하게 다시 살펴봤다. 협상에 도움이 될 전문가들을 만나고 논문을 읽고 해외 사례를 검토했다. 청와대 곳곳을 돌아다니며 협상 전문가들을 만나 도움을 청했다. 국방 관련 국책 연구기관 연구자, 9차 SMA 협상단, 각종 FTA 협상에 참여했던 분들에게 협상의 경험을 들을 수 있었다. 다행히도 대통령비서실과 국가안보실에는 경험이 풍부한 과외 선생님들이 많았다. 국가정보원과 국군 기무사령부도 협상 전략을 마련하는데 필요한, 오랜 기간 취합하고 융합한 참고 자료들을 수시로 보내왔다.

제10차 SMA 협상은 이전의 협상과 분명히 차별화되어야 했다. 촛불혁명으로 탄생한 문재인 정부의 협상이었다. 또한 트럼프라는 정치적 이단아가 한미동맹을 훼손하려고 한다는 여론의 진단도 있었다. 한편으로는 용산 미군기지를 평택으로 이전하는 협상에서 제기되었던 많은 비판들과 국회의 지적들도 참고하여 타산지석으로 삼으려고 했다. '위기일수록 더 원칙적으로'라는 말이 있다. 특별하고 어려울수록 가장 정통한 방법으로 임해야 한다고 보았다. 협상 전 과정을 가능한 범위 내에서 국민과 국회에 투명하게 공개하고 대응하는 것이 가장 중요한 협상 전략이 될 것이라고 판단했다. 실제로 협상단은 '정

\<제1차~제9차 방위비 분담금 규모 결정방식 변화\>

구분		분담금 규모 결정방식	분담금 규모	누계
제1,2차 특별협정	1991	· 주둔비용 1/3분담 목표, 점진 증액 · 매년 분담금 협상 실시	1,073 (1.5억달러)	
	1992		1,305 (1.8억달러)	2,378
	1993		1,694 (2.2억달러)	4,072
	1994		2,080 (2.6억달러)	6,152
	1995		2,400 (3억달러)	8,552
제3차 특별협정	1996	· 1996년 분담금 : 3.3억달러 (95년 총액 대비 0.3억달러 증액, 10% 증가) · 전년도 분담금 기준(달러화) 매년 10% 증액 합의 · 최초로 3개년 분담금 일괄 결정	2,475 (3.3억달러)	11,027
	1997		2,904 (3.63억달러)	13,931
	1998		4,082 (3.14억달러)	18,013
제4차 특별협정	1999	· 1999년 분담금 : 1.41억달러+2,575억원 (98년 총액 대비 8% 증가) · 인건비와 군수지원의 일부를 원화로 지급 (분담금의 57%) · 00년과 01년 분담금은 실질 GDP 변동률과 소비자물가지수변동률과의 합계를 적용하여 산출	4,411 (1.41억달러+2,575억원)	22,424
	2000		4,684 (1.55억달러+2,825억원)	27,108
	2001		4,882 (1.67억달러+3,045억원)	31,990
제5차 특별협정	2002	· 2002년 분담금 : 0.59억달러+5,368억원 (01년 총액 대비 25.6% 증가) · 기간내 인상률은 전년도 분담금에 8.8%와 전전년도 GDP 디플레이터와의 합계를 적용하여 산출 · 군사시설건설 중 현물사업 5% 확보 · 원화 지급 비율 확대	6,132 (0.59억달러+5,368억원)	38,122
	2003		6,686 (0.65억달러+5,910억원)	44,808
	2004		7,469 (0.72억달러+6,601억원)	52,277

제6차 특별협정	2005	· 2005년 분담금 : 6,804억원 (04년 총액 대비 8.9% 감소, 주한미군 감축 등을 감안) · 2005년부터 분담금을 전액 원화 지급	6,804	59,081
	2006		6,804	65,885
제7차 특별협정	2007	· 2007년 분담금 : 7,255억원 (06년 총액 대비 451억원 증액, 6.6% 증가)	7,255	73,140
	2008	· 2008년 분담금은 2007년도 분담금에 2006년 물가상승률(2.2%) 반영 · 군사시설건설 중 현물사업 비율 10% 상향 조정	7,415	80,555
제8차 특별협정	2009	· 2009년 분담금 : 7,600억원 (08년 총액 대비 185억원 증액, 2.5% 증가) · 2010~2013년 분담금은 전년도 분담금에 전전년도 물가상승률(상한선 4%) 반영 · CDIP를 군사건설 항목으로 통합 ·「군사건설 현물지원에 관한 교환각서」 채택 - 현물 비율 '09: 30% → '10: 60% → '11부터: 88%	7,600	88,155
	2010		7,904	96,059
	2011		8,125	104,184
	2012		8,361	112,545
	2013		8,695	121,240
제9차 특별협정	2014	· 2014년 분담금 : 9,200억원 (13년 총액 대비 505억원 증액, 5.8% 증가) · 2014~2018년 분담금은 전년도 분담금 에 전전년도 물가상승률(상한선 4%) 반영 ·「투명성과 책임성 제고를 위한 제도개선에 관한 교환각서」채택	9,200	130,440
	2015		9,320	139,760
	2016		9,441	149,201
	2017		9,507	158,708
	2018		9,602	168,310

통'을 제10차 SMA의 원칙으로 세웠다. 이러한 원칙을 제10차 SMA 협상단이 세우게 된 배경에는 2014년 박근혜 정부 시기 9차 SMA 협상 과정에서 드러난 '이면합의' 논란이 크게 영향을 미쳤다.

2017년 가을, 대한민국 국회 외교통일위원회 외교부 국정감사에서 김경협 국회의원은 박근혜 정부의 제9차 SMA 협상 '이면 합의'를 공개했다. 국민과 국회에 제대로 알리지 않는 내용들이 '이면으로 합의되었다'는 내용이었다.

[단독] 박근혜 정부, 미군에 현금 더 주기로 '분담금 밀약' 맺었다

투명성 역행한 9차 방위비 분담 협정
미 요구대로 '현금 확대' 이면합의
국회엔 숨기고 이행약정에 슬쩍 넣어
'현물 확대-현금 축소' 원칙서 퇴행

한국돈 들어가는 미군 특수정보시설용
전방위 도청능력 불구 한국 접근 봉쇄

조일준 기자   수정 2017-10-11 19:37
                      등록 2017-10-11 19:37

2013년 12월 서울 세종로 외교부 청사에서 열린 '한-미 방위비분담
특별협정(SMA) 체결을 위한 제9차 고위급 협의'에서 우리 쪽 협상
팀(오른쪽)과 미국 쪽 협상팀이 본회의에 앞서 인사를 나누고 있다.
김봉규 선임기자 bong9@hani.co.kr

<출처 한겨례>

김경협 의원은 당시 "백지 한 장에 미측이 요구한 내용을 한 단락으로 조정해서 이면합의 문구를 만들어 차석 대표들이 가서명했고, 그 상황을 양측 수석대표들이 지켜봤다"라고 이면합의서 작성 과정을 폭로했다. 나아가 이면합의서에 표기된 '특정 군사건설 사업'이 SCIF

라고 밝혔다.

미국 국가정보국DNI이 정한 '첩보통신지침ICD705'의 적용을 받는 극비보안시설이 SCIF이다. 미국 국가정보국DNI은 CIA 등 미국의 17개 정보기관을 통솔하는 최상위 정보기관이다. 김 의원은 SCIF가 한반도 상공을 감시하는 첩보위성과 주한미군 U-2 정찰기의 항공정보 등 최고급 민감정보를 주고받으며 분석하는 시설임을 알렸다. 김 의원은, 이면합의는 외교 적폐이고, 이것을 국회에 보고하지 않은 것은 국기문란이라고 지적했다. 이 공개는 큰 반향을 일으켰다. 한겨레는 2017년 10월 12일자 보도에서 "박근혜정부 시절 '분담금 밀약'을 맺었다"고까지 비판했다.

언론에 '밀약'으로 비판을 받은 이면합의 내용은 무엇이었을까. 2013년 7월 2일에 첫 고위급 협의를 시작했던 제9차 SMA 협상은 2014년 4월 16일 국회에서 비준동의 절차를 거쳐 6월 18일에 발효됐다. 당시 미국측은 '이해 약정'이 체결되지 않았다는 이유로 이미 국회 비준동의를 받은 '본 협정문'의 발효를 두 달 넘게 늦춰버렸다. 그런 방식으로 우리 국방부에 '이해 약정' 체결을 독촉했다.

"특정 군사건설 사업은 군사적 필요와 소요로 인해 미합중국이 계약 체결 및 건설 이행을 해야 하며 동 목적을 위해 가용한 현금보유액이 부족하다고 한국 국방부와 주한미군사령부가 협의를 통해 합의하는 예외적인 경우에는 추가 현금 지원이 이루어질 수 있다"

미측에서 그렇게 독촉한 '이행 약정'에 위의 문구가 담겨 있었다. 이는 주한미군이 계약에서부터 시공까지 전 과정을 관리하면서 미국 업체를 통해 특정 시설물을 지을 때 대한민국 정부가 현물 대신 현금 지원을 늘려주겠다는 약속이었다. 위의 문구에서 '특정 군사건설 사업'이 바로 '민감특수정보시설SCIF'을 의미한다. SCIF는 미국 최고 등급의 군사기밀정보를 다루는 시설이고, 당연히 이 시설에는 대한민국 정부와 군 고위관계자도 함부로 접근할 수 없다.

박근혜 정부는 제9차 SMA 협정이 비준 발효(2014년 6월)되고 나서 국회 국방위원회에 이행약정에 대해 설명을 했다고 밝혔다. 하지만 제8차 SMA를 맺을 당시(2009년) 없었던 문구가 제9차 SMA에 새롭게 포함되었다는 사실을 제대로 알리지 않았다. 정치적인 이유는 차치하고, 이 이면합의에는 두 개의 큰 문제가 담겨 있었다.

첫째로 어디까지를 '예외'로 인정하느냐의 문제다. '예외'는 굉장히 포괄적인 것을 의미한다. 때문에 군사 건설비를 '현물로 지원한다'(현

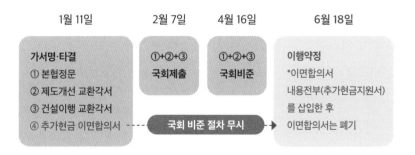

〈제9차 SMA 협정의 문제〉

1월 11일	2월 7일	4월 16일	6월 18일
가서명·타결 ① 본협정문 ② 제도개선 교환각서 ③ 건설이행 교환각서 ④ 추가현금 이면합의서	**①+②+③** **국회제출**	**①+②+③** **국회비준**	**이행약정** *이면합의서 내용전부(추가현금지원서) 를 삽입한 후 이면합의서는 폐기

국회 비준 절차 무시 →

금이 아니라)는 제8차 SMA까지 지켜온 원칙이 사실상 무너지는 것을 의미한다.

둘째로 이 예외조항을 '이행약정'에 숨겨 두었다는 점이다. 이행약정은 국회에서 제9차 SMA를 비준동의하는 과정에서 꼼꼼하게 들여다보는 협정 본문이 아니다. 협정 본문 비준동의 이후 양국 국방부 국장급(미국은 주한미군사령부 기참부장) 간에 체결하는 협정 본문의 '하위 문서'이다.

여기에 제8차 SMA의 원칙, 즉 현물지원 원칙을 무너뜨리는 문구를 '숨겨' 놓은 것이다.

당시 협상단 내부에서도 의견이 분분했는데, 2017년 10월 12일 <한겨레> 보도에 따르면 "외교부는 이행약정에 반영하는 것을 수용, 국방부는 반대"하는 입장이었다. 특히 제9차 SMA 황준국 협상대표는 "이 문항을 협정 본문에 담아 국회에 공개되고 공론화가 되면 2014년 6월 지방선거를 앞두고 정부와 여당에 정치적 쟁점이 될 수 있다"며 본협정문에 반영하는 것을 반대했다고 알려졌다. 나아가 당시 협상팀은 이런 사실이 절대 밖으로 나가서는 안된다고 미측에 보안유지를 당부한 것으로 <한겨레>는 보도했다.

결국 박근혜정부 당시 국가안보실 안보관계장관회의에서 김장수 국가안보실장의 제안에 따라 교환각서에 근거 규정을 두고, 협정 본문 및 교환각서 타결 시점에 박철균 협상 부대표가 국방당국을 대표해 이행약정에 반영될 예외적 현금지원 관련 문안에 가서명하는 것으로 방안이 결정되었다. 이 회의에는 김장수 국가안보실장을 비롯해 남재준 국가정보원장, 윤병세 외교부 장관, 김관진 국방부 장관, 김홍균 국가안보실 정책조정비서관 등이 참석했다.

김경협 의원은 "밀실외교가 있어서는 안 되고 새 정부의 국민외교 의지를 다지기 위해서라도 외교부가 사실관계에 대한 진상 조사를 해야 한다"고 주장했다.

이에 강경화 외교부 장관은 "(박근혜 정부 당시) 정부에서 협상의 내용을 국회와 국민에게 투명하게 알리는 노력이 부족했던 건 사실이다. 지적받은 것을 충분히 교훈 삼아 차기 (우리가 진행할 제10차 SMA) 방위비 분담 협상팀을 구성하고 협상에 참고하겠다, 또 국회에 수시로 보고 드리겠다"고 말했다.

그렇다면 제9차 SMA 이전에는 어땠을까? 노무현 정부는 방위비분담금에서 현금지급 비율을 최대한 낮추기 위해 노력했다. 이같은 기조는 이명박 정부로도 이어졌다. 그 결과 건설 분야에는 현금 12%를 지원하고, 현물 88%를 지원한다는 원칙이 제8차 SMA에서 확립되었다. 왜 현금 12%는 남았을까? 건설 작업시 설계나 감리비는 현금으로 직접 지급해야 하는 경우가 있을 수 있기 때문이다.

그러나 박근혜 정부가 제9차 SMA에서 '예외적 추가 현금지원'을 합의해 버린 바람에 앞선 역대 정부의 노력이 헛수고로 돌아가게 된 것이다. 굴욕외교, 밀실외교가 되어버렸다. 국익을 위한 시설도 아닌 '민감특수정보시설' 건설 비용을 왜 수혜자가 아닌 우리가 현금지원을 하는 지는 어떤 이유로도 설명이 되지 않았다. 그래서 우리 협상단은 이전까지의 원칙을 무너트린 제9차 SMA 협상에 대해 적절한 조치가 필요하다고 판단했다. 그렇지 않으면 제10차 SMA 협상에서 미측은 현금지원을 더욱 확대하려 시도할 게 빤했다. 이 예상은 멀지 않은 시간에 현실로 다가왔다.

제9차 SMA 협상을 밀실 협약으로 만든 이유는 미국의 부적절한 요구 수용을 우리 국회가 허락할 리 없다는 것을 알았기 때문이다. 국회 비준을 피하려고 이행약정에 슬쩍 넣은 것이다. 이행약정은 법적 구속력은 있지만 국회 비준이 필요하지 않다. 2014년 2월 박근혜 정부는 대한민국 국회에 제9차 SMA 비준동의안을 제출하면서 "협정 이행의 책임성과 투명성을 제고하기 위해 노력했다"고 강조했다. 그런데 뒤에서는 이런 이면 합의를 하고 국민을 속인 것이다.

트럼프를
이기는
협상

한미방위분담금 협상을
기록하다

트럼프를
이기는
협상

한미방위분담금 협상을
기록하다

2부

협상 전반전

1조 4,400억원짜리 청구서

제1차 고위급 협의
2018년 3월 7일-9일 | 호놀룰루 하와이대학교

　미국 협상단은 티모시 베츠 협상대표를 중심으로 제임스 루크맨 주한미군사령부 기획참모부장, 마이크 맥 앤드류 국방부 시설투자관리 부차관보, 국무부 정치군사국, 합동 참모본부 법무실, 주한미군사령부 기참부·군수참모부·법무실 담당관 등 총 20여 명이 참여했다.

　티모시 베츠 협상대표는 2016년부터 미 국무부 정치군사국에서 안보 협상 및 협정 수석고문으로 근무하며 미군의 해외 주둔 및 작전과 관련한 협정 협상을 전담했다. 그는 1984년 국무부에 입부하기 전,

보험회사와 민간 국제개발금융공사에 근무한 경력도 있었다. 베츠는 대한민국과 관련한 주요 업무를 담당해 본 적은 없지만, 숫자에 매우 밝은 노련한 군사협상 전문가라고 할 수 있었다.

한미 양측은 협상 시작 전, 어떤 대표를 선임했느냐로 협상의 메시지를 던지고 있었다. 우리는 우리대로 '이전과는 다를 것이다'는 메시지를 보였고, 미국측은 '이번에는 양보 못해'라는 메시지를 전하고 있었다. 실제로 우리 협상단이 미국 하와이로 떠나는 2018년 3월 6일, 노규덕 외교부 대변인은 제10차 SMA 협상을 준비하는 우리 정부의 입장을 다음과 같이 분명히 밝혔다.

"정부는 주한미군의 안정적 주둔 여건을 조성하고 연합 방위능력 강화에 기여하는 한편, 우리 국회와 국민이 납득할 수 있는 합리적이고 호혜적인 협상 결과를 도출하기 위해 최선을 다할 예정이다"

어찌 보면 당연하고 그럴듯한 말들의 나열 같지만, 면밀하게 따져보면 우리의 전략이 모두 담긴 한 문장이다. 주한미군이 안정적으로 주둔할 수 있는 환경을 만들기 위해 노력을 할 것이지만, 국회와 국민이 납득하는 상식적인 선에서 협상에 임하겠다는 점을 어필한 것이다. 그것은 문재인 대통령이 제시한 협상의 원칙이었고, 나는 이 원칙을 기준으로 협상을 준비했다.

같은 날, 외교부는 또 다른 발표를 했다. 제9차 SMA 당시 별도의 이행약정 합의를 국회에 보고하지 않아 논란을 일으킨 황준국 주영국대사를 귀임시킬 예정이라고 밝힌 것이다. 황 대사는 외교부 본부로 복귀해 사실상 직위가 해제되는 문책을 받게 됐다. 이는 협상단이 하와이로 출발하는 날 미측에 보낸 또 다른 메시지였다. 황 대사 직위 해제는, 우리에게 제9차 SMA 협상은 반성의 대상이며, 그와 같은 협상을 반복할 수 없다는 메시지에 다름 아니었다.

2018년 3월 7일, 제10차 SMA ①차 고위급 협의가 미국 하와이대학교에 소재한 동서센터East-West Center 회의실에서 시작됐다. 첫 회의는 모색전인 만큼 서로가 한미동맹에 얼마나 기여하고 있는지를 보여주는 데에 많은 시간을 할애했다. 돈 이야기를 하기 전에 더 그럴듯한 명분을 쌓는 것이 협상의 전략 가운데 하나였다. ①차 고위급 협의는 '우리가 이 액수를 이야기하는 데에는 이런 이유가 있기 때문이다'라는 식의 명분과 논리를 만드는 과정이었던 것이다.

양국 정부를 대리하는 협상을 할 때는 보통 양쪽의 통역관이 배치된다. 방위비분담금 협상은 안보 분야의 전문적인 지식이 필요하다. 때문에 우리는 우리 군의 통역 장교를 통역관으로 내세웠다. 미국은 주한미군과 국무부에서 대한민국 관련 통역 전담 요원을 배치했다. 이 인원은 ①차 고위급 협의부터 마지막 제⑩차 고위급 협의까지 쭉 유지됐다.

①차 고위급 협의에서는 서로가 사용하는 용어와 데이터들을 확인하는 것부터 적잖은 노력이 소모됐다. 용어에 대한 오해가 잦았고, 협

상 대표의 발언 뉘앙스가 여러 차례 제대로 전달이 되지 않았다. 그러다 보니 같은 질문을 반복하는 일이 잦았다. 어떤 경우에는 통역관이 통역을 했는데 심지어 협상 대사가 뒤를 돌아보면서 "그거 내가 얘기한 게 아닌데…"라며 고쳐 잡기도 했다. 우리 협상단 25명 중 절반 이상이 영어를 자유자재로 구사할 수 있는 수준이었다. 때문에, 영어로 전달하는 과정에서 오역이 있을 경우 바로 잡는 것은 어렵지 않았다.

하지만 미측은 한국어를 자유롭게 구사하는 인원이 통역관 한 명이었다. 언어적인 측면에서는 우리가 유리한 입장이었다. 우리는 수시로 통역관의 전달을 교차로 점검할 수 있었다. 협상문안도 단어 하나하나의 어감과 해석에 민감하게 반응해 작성했다. 하지만 미측은 우리가 요구하는 내용을 문안으로 작성하는 것에서 우리만큼 세부적으로 처리하지 못했다. 심지어는 우리가 만들어준 문안을 수정하는 것조차 어려워했다. SMA 협상은 우리 국민의 세금으로 매해 거액의 돈을 주한미군에 지원하는 협상이다 보니, 우리가 더 절박한 자세일 수밖에 없었다. 미측은 가장 기본이 되는 숫자도 틀리고, 논리도 맞지 않는 경우가 많았다. 하지만 우리는 협정문안의 단어 하나에도 공을 많이 들일 수밖에 없었다.

우리 협상단은 제10차 SMA를 준비하면서, 쟁점이 될 만한 내용을 아주 구체적으로 정리해 나갔다. 어떤 것을 관철하고 반영할 것인지, 일일이 쟁점화하고 각각에 대해 문제점과 대안을 구체화해나갔다. 수십 개가 넘는 쟁점들에 대해 구체적인 데이터와 대응 방향을 정리하고, 미측과 주고 받기를 통해 얼마나 빨리 이 쟁점들을 문안으로 정리하느냐에 따라 협상의 타결 시간이 단축될 수도, 길게 늘어질 수도 있었다. 그래서 우리 협상단은 반드시 지켜야 할 우선순위를 정해놓고 있었다.

첫 협상에서 미국 협상단은 주한미군 주둔 규모를 우리가 알고 있는 28,500명보다 약 3,000명을 부풀려 이야기했다. 실수가 아니었다. 우리 정부가 공식적으로 알고 있는 숫자에 혼선을 일으키려는 의도였다.

앞서 이야기한 것처럼 방위비분담금 특별협정, 즉 SMA는 한반도에 주둔하는 '주한미군'의 안정적 주둔을 위해 비용을 나누는 협상이다. 그렇기 때문에 주한미군의 숫자는 매우 중요하다. 미측이 주한미군 주둔 수를 늘리는 것은 더 많은 돈을 이야기하겠다는 의도가 포함되어 있었다. 그 이유가 트럼프 때문이라는 것을 우리는 익히 예상할 수 있었다. 2016년 3월 14일 미국 오하이오주 모금 만찬 연설에서 트럼프는 "32,000명의 군인을 남북한 국경 지역에 배치하고 있다"고 이야기 한 바 있었다.

그리고, 다음날인 3월 8일, 베츠 대표는 미측의 구체적인 협상 목표를 발표하기 전 모두 발언에서 앞서 우리 협상단에 양주를 선물하며 다음과 같이 농담을 던졌다.

"오늘 저녁에 여러분들은 럼주가 많이 필요할 겁니다."

이 농담이 무엇을 의미하는 것인지는 곧바로 알 수 있었다.

"주한미군 인건비를 포함한 주한미군 총 주둔경비의 50%를 대한민국이 부담해야 한다. 총액 1조 4,400억, 매년 총액 대비 7%씩 고정으로 증액, 협정의 유효기간을 10년으로 합시다"

베츠 대표는 처음부터 우리의 예상을 훨씬 넘는 금액을 불렀다. 2018년도 방위비분담금 금액이 9,602억원인데, 미측은 2019년도 첫해에 우리 정부가 지급해야 하는 분담금으로 약 5,000억원을 더 증액해 제시한 것이다.

그렇다면 미국측에서는 우리가 이 제안을 선뜻 받아들일 것으로 예상했을까? 아니었을 것이다. 1조 4,400억원 청구서를 우리에게 던진 회의 중간에 베츠 대표는 "트럼프 대통령은 사실 이 금액의 다섯 배(50억 달러)를 요구했었다"는 어마어마한 메모(?)가 적힌 종이를 장원삼 대표에게 전달하기도 했다. 베츠 대표는 트럼프의 과도한 요구가 있었으나 본인이 매우 합리적인 요구안을 제시했다는 점을 강조하고 싶어 했다.

언론 보도를 통해 알려진 사실은, 제11차 SMA 협상이 시작된 2019년 7월 존 볼튼 백악관 국가안보보좌관과 매슈 포틴저 아시아담당 선임보좌관이 '50억 달러' 방위비분담금 협상안을 처음으로 제안했다는 것이다. 하지만 언론에 알려진 것과 달리 트럼프의 '50억 달러

방위비분담금 청구서'는 그보다도 한참 전인 2018년 3월, (제10차 SMA 출발 지점에서)이미 우리에게 전달되었다.

이들이 이렇게 말도 안 되는 큰 숫자를 부른 것은 일종의 전략이었는데 이것을 흔히 '앵커링 효과'Anchoring effect라고 한다. 앵커링 효과는 행동경제학적인 개념인데, 배가 어느 지점에 닻을 내리면 그 이상 움직이지 못하듯이 인간의 사고 또한 처음에 제시한 하나의 이미지나 숫자에 고정되어 버리는 특성이 있다. 이 경우, 어떠한 판단을 내릴 때 새로운 정보를 수용하지 않거나 이를 부분적으로만 수정하려는 행동 특성을 보이게 된다. 즉, 최초의 숫자에 꽂혀 다른 범위로 못 나가게 하려는 전략인 것이다. 앞서 이야기했듯, 베츠는 행동경제학자는 아니었지만 미국의 방위비분담금 협상만 전담하며 전 세계를 돌아다니는 노련한 외교관임에 분명했다.

혈맹인가, 돈맹인가

한미동맹은 한국전쟁의 폐허 속에서 시작되었고, 2024년은 71주년이 되는 해다. 지난 70여 년간 한반도의 평화와 번영을 위해 한미동맹이 기여한 역할은 이루 말할 수 없을 정도이다. 대한민국과 미국은 안보를 비롯해 경제, 문화, 과학, 기술 영역까지 동맹 협력의 범위와 수준을 지속적으로 확대해왔다. 한미동맹은 그만큼 긴밀하고 견고하게 이어져 있다는 뜻이다. 그래서 '혈맹'이라고까지 일컫는다.

2017년 6월 문재인 대통령은 첫 한미정상회담을 위해 워싱턴 D.C.를 방문했을 때 '피로 맺어진 동맹'을 강조하기 위해 장진호 전투 기념비를 참배했다. 문 대통령은 버지니아주 콴티코 시 미 해병대 국립박물관 앞 공원에 있는 장진호 전투 기념비 앞에서 "한미동맹은 전쟁의 포화 속에서 피로 맺어졌다. 몇 장의 종이 위에 서명으로 맺어진 약속이 아니다"라고 한미동맹을 강조했다. 문 대통령은 헌화를 마치고 작은 산사나무 한 그루를 심고, 그 앞에 '눈보라 속에서 맺어진

위대한 동맹' 문구가 새겨진 작은 비석을 세웠다.

장진호 전투 기념비 앞에서

우리가 잘 알고 있는 장진호 전투는 한국전쟁 동안 가장 많은 미군이 전사한 전투이다. 한국전쟁 기간에 미군 35,000명이 사망했는데, 이 가운데 10분의 1 정도가 장진호 전투에서 발생했다. 미군 입장에서는 뼈아픈 패배였기 때문에 '잊힌 전투'라고 불리지만, 우리가 미국과 피로써 맺어진 관계라는 것을 상징적으로 보여준 대표적인 전투이기도 했다. 특히 문재인 대통령에게 장진호 전투는 남다른 의미가 있었다. 장진호 전투의 투혼으로 성공한 '흥남철수작전' 덕분에 메러디스 빅토리호에 오른 10만 명의 피난민 가운데 문재인 대통령의 부모님도 있었던 것이다.

문재인 대통령은 이 자리에서 "한미동맹은 저의 삶이 그런 것처럼 양국 국민 한 사람 한 사람의 삶과 강하게 연결되어 있다"며 "위대한 한미동맹의 토대 위에서 북핵 폐기와 한반도 평화, 나아가 동북아 평화를 함께 만들어 가겠다"고 밝혔다.

문재인 대통령이 2017년 6월 식수한
산사나무 옆에서 (장진호 기념비 옆)

눈보라 속에서 맺어진
위대한 동맹

문재인 대통령의 이러한 바람과 달리, 한미동맹의 숭고한 가치가 여전히 유지되고 있는 것일까? 한미동맹을 통해 트럼프가 지키거나 얻고자 하는 것은 무엇이었을까? 한미동맹을 계속 유지하고 싶으면 미국이, 아니 트럼프가 요구하는 비용을 지불해라, 그렇지 않으면 주한 미군을 철수시키겠다. 가치가 아닌 돈, 이것이 트럼프 시기 한미동맹의 현주소가 아니었을까?

베츠 대표는 1조 4,400억원짜리 청구서를 내밀면서 총액 인상을 위해주한미군 병사들의 인건비도 주둔 비용에 포함시켜 계산해야 한다고주장했다. 우리 협상단에서 "그러면 주한미군이 우리가 돈 내고 고용하는 용병이란 말인가"라는 탄식이 흘러나왔다.

그동안 주한미군 주둔경비를 검토할 때, 양국은 비인적주둔비Non-Personnel Stationing Cost, 이하 NPSC를 기준으로 삼았다. 비인적주둔비란 미군이 타국에 주둔할 때 소요되는 총 주둔 비용 중에 미군 인건비를 제외한 직·간접 비용을 의미한다. 미군 인건비에는 급식비와 피복비도 포함되어 있다. 2017년 미국 상원 군사위원회 제출 보고서에 의하면 "한국이 비인적주둔비를 42~45% 부담하고 있다"고 계산했다. 물론 이마저도 우리측 계산에 따르면 저평가된 금액이었다.

국방부는 2017년부터 봄부터 제10차 SMA 협상을 준비하기 위해 한국국방연구원 유준형 박사에게 대한민국 정부가 주한미군에 지원하고 있는 직·간접비 추산 연구를 요청했다. 유 박사는 주한미군에 제공한 토지 임대료, 미군기지 이전사업 비용, 반환 주한미군기지 환경오염 치유 비용, 한미 공용훈련장 관리를 위해 대한민국 정부가 부담하고 있는 비용을 계산했다. 이 연구결과에 따르면 우리 정부는 주한미군 비인적주둔비의 70%를 부담하고 있었다.

미측 협상단이 주한미군 병사들의 인건비까지 주둔비용에 포함시키려 하는 이유는 무엇일까. 어떤 이유를 대더라도, 결국 주한미군을 '용병'이라고 인정하지 않고서는 도저히 주장하기 어려운 논리였다. 주한미국을 용병처럼 여기는 것이 트럼프의 계산법이었다. 트럼프의 사고는 우리의 상식과 많이 달랐다.

매년 7% 고정증액 주장 또한 어떤 논리로도 설명이 가능하지 않았다. 통상 방위비 분담금 인상은 매년 전전년도 소비자 물가지수 수준으로 결정되었고, 4%를 넘지 못하도록 제한 규정도 두었다. 그런데 물가상승률과 상관없이 매년 7%를 증액한다는 것은 말도 안 되는 무리한 요구였다.

협정 유효기간을 10년으로 하자는 것도 무리하긴 마찬가지였다. 한 번 정해지면 10년 동안 수정을 할 수 없다는 뜻이기 때문이다. 7% 확정 이자를 10년 동안 받겠다는 것과 다를 게 없었다. 만약 이렇게 되면 처음엔 1조원으로 시작한 금액이 10년 후에는 자동으로 1조 8,000억원 이상이 되는 구조를 그대로 받아들이게 되는 꼴이었다.

물론 미측도 이런 요구가 한 번에 수용될 것이라고 생각하지는 않았을 것이다. 하지만 협상의 우위를 점하고 물러서지 않겠다는 엄포로 들렸기 때문에 우리로서는 매우 난감한 상황이었다.

연합연습 비용과 전략자산 전개 비용도 대한한국이 부담해야

근본적인 문제가 또 남아 있었다. 방위비분담금은 주한미군 내에 고용된 한국인 근로자의 인건비, 군사시설 건설비, 군수지원비 등 세 개의 항목으로 구성되어 있다. 베츠 대표는 여기에 '작전지원 비용' 신설을 요구했다. 베츠 대표는 '작전비용'에 전략자산 전개Deployment of U.S. Strategic Assets, 연합연습Major Exercises, 주한미군 순환배치비용U.S. Costs for Rotational Deployments, 주한미군 능력향상 비용Enhancing U.S. Force in the ROK이 포함된다고 설명했다.

당시 우리 언론은 제10차 SMA 협상 내용에 사드배치 비용이 포함되느냐에 큰 관심을 갖고 있었다. 트럼프가 후보 시절부터 사드배치 비용을 우리 정부가 부담해야 한다고 주장했기 때문에 이번 협상에 이 내용이 포함되어 있느냐는 우리 언론에서 주목하는 관심거리였다. 미국 협상단은 전략자산 전개 항목에 사드전개 비용을 포함시킨 안을 우리 협상단에 제시했다. 그동안 우리 정부는 사드배치 비용은 미군이 부담하는 것으로 국민들에게 설명하고 있었기 때문에 미국 협상단의 의도를 어떻게 파악해야 할 것인지 고민됐다.

이와 관련, 제9차 SMA 협상에 참여했던 박철균 부대표는 "9차 당시에도 미측이 B-52, 핵추진 항공 모함 등 전략자산을 전개해 한반도 안보에 기여하고 있다는 논리로 총액 증액을 강하게 압박했다"고 내게 알려줬다. 물론 9차 SMA 협상에서는 '작전지원 비용'이라는 항목을 새롭게 만들자고 한 것은 아니었다. 하지만 이런 비용을 모두 현금으로 달라는 전제도 깔려 있었다.

미측이 제10차 SMA 협상에서 '작전지원 비용' 신설을 요구하는 것은 어떤 의미를 지닌 것일까. 그것은 주한미군 주둔비용뿐 아니라 미 인도태평양 사령부와 미 본토에서 발진하는 전략 자산의 전개비용을 한미방위분담금에 포함시키겠다는 것을 뜻했다. 더 나아가서는 한미방위분담금이 '주한미군의 주둔 비용'에서 '한미 모든 군사작전 분담 비용'으로 확대시키겠다는 의미이기도 했다.

통상 서울과 워싱턴 D.C.를 오가면서 진행했던 제9차 SMA 협상과는 달리, 미측은 제10차 SMA 협상의 ①차 고위급 회의 장소를 하와이로 잡았다. 이는 작전지원 비용 신설 요구를 풀어내기 위한 계획의 일부였다.

트럼프가 아시아 순방을 앞둔 2017년 11월 2일, 폭격기 모양이 백조와 비슷해서 '죽음의 백조'라고 불리는 미군 전략폭격기 B-1B 랜서 2

대가 한반도에 출격해 강원도에 있는 공군 필승사격장에서 가상 공대지 폭격 훈련을 실시했다. 당시 북한은 이에 대해 기습 핵 타격 훈련이라며 비난했다.

그런데 이런 전략자산 전개 비용을 한미방위비분담금에 포함시키려는 것이 미측의 계획이었다. 동아일보를 비롯해 우리 언론들이 앞다투어 보도한 내용에 따르면, 죽음의 백조가 괌에 있는 앤더슨 공군기지에서 출격해 한반도에 전개할 경우 1대 당 비용은 약 30억~40억원 사이에 달한다. 또한 미국이 주장하는 전략자산 중 하나인 핵추진 항공모함의 전개비용은 훨씬 더 비싸다. 1개 항모 강습단(항공모함과 이지스 순양함, 원자력 잠수함 등)이 한 차례 한반도 전개 훈련을 하는데 최소 400억원에서 500억원이 소요된다고 추계된다.

이런 전략자산을 관리하는 대표적인 곳이 미 인도태평양사령부이기 때문에 '작전지원 비용'을 한미방위비분담금에 포함시키려는 의도를 ①차 고위급 회의를 개최한 하와이에서부터 노골적으로 드러낸 것이다. 하지만 이러한 요구는 선을 넘어도 한참 넘은 것이었다.

장원삼 대표는 "전략자산은 미국 본토에서 진행하는 것으로 주한미군지위협정과 한미방위비분담금 협정에 해당하지 않아 여기서 논의할 문제가 아니다"며 선을 그었다. 그리고 다시는 이 이야기를 꺼내지 못하도록 "필요하면 양국 국방, 외교 당국 사이에 별도의 논의를 해야 한다"며 베츠 대표가 우리 협상단에 던진 공을 경기장 바깥으로 던져버렸다. 베츠가 주도하고 있던 협상 전략에 순순히 넘어가지 않 겠다는 것을 보여준 현명한 대응이었다.

국가재정법과 충돌되고 있는 방위비분담금

제10차 SMA 협상 ①차 고위급 협의 3일 차가 되는 3월 9일, 우리 협상단은 방위비분담금 집행 과정에서 드러나고 있는 법적인 문제와 국가재정법 4대 원칙, 국방 예산 편성과 결산의 절차에 대해 미측 협상단에 설명했다.

국가재정법에서 규정하고 있는 예산 집행의 4대 원칙은 이렇다. 첫째, 국회의 사전 예산 의결의 원칙이다. 예산은 집행되기 전에 반드시 국회의 심의를 거쳐 의결로서 확정되어야 한다는 기본원칙으로, 국민의 대표기관인 국회의 승인을 받은 후에 국민의 세금을 사용할 수 있도록 하고 있다. 둘째, 투명성 및 국민 참여의 원칙이다. 국가재정법 제16조 제4호는 우리 정부로 하여금 예산과정의 투명성과 국민참여 제고 하기 위한 의무를 명확히 하고 있다. 이러한 이유로 정부의 모든 예산 사업은 사업의 내용, 목적, 금액을 특정하여야 하며, 예산의 전 과정에서 이를 확인할 수 있어야 한다. 셋째, 회계연도 독립의 원칙이다. 정부 예산은 기본적으로 1년 단위로 편성·집행되며, 확정된 예산은 해당 연도에 모두 집행해야 한다. 즉 예산을 쓰고 남는다고 다음 연도에 남은 금액을 그대로 이월시킬 수 없다는 의미이다. 넷째, 예산의 목적 외 사용금지의 원칙이다. 앞서 언급한 절차를 통해 확정된 예산은 지극히 예외적인 경우를 제외하고는 정해진 목적이 아닌 것으로 사용해서는 안 된다.

이러한 국가재정법의 예산 편성과 사용원칙에 비춰보면 방위비분담금은 과연 제대로 집행이 되고 있는 것일까?

방위비분담금도 국방 예산의 일부로 편성되기 때문에 집행하는 과정에서 국가재정법이 요구하는 원칙을 반드시 지켜야 한다. 하지만 그동안 그렇게 하지 않았다는 비판이 줄곧 제기되어 왔다. 우리 국회는 SMA가 비준동의를 거친 이후 매해 사업 집행 과정에서 꼼꼼한 검토가 이뤄지지 못하고 있는 점을 문제 삼고 있었다. 이러한 이유로 우리 국회는 방위비분담금의 협정기간을 단축하고, 매해 국회의 국방부 예산심사 및 결산 과정에서 방위비분담금 집행에 대해 투명하게 심의할 수 있도록 국방부를 압박하고 있었다.

특히 군사시설의 경우 국회의 감시와 견제의 사각지대라 해도 과언이 아닐 정도이다. 우리 국방부의 경우 필요한 건물을 짓기 위해서는 먼저 국방부 예산계획관의 1차 심의를 거쳐야 한다. 이후 정부 부처의 전체적인 사업을 관리하는 기재부의 심의를 거쳐 정부 예산이 편성된다. 편성된 정부 예산은 국회의 심의 과정에서 사업의 필요성과 타당성을 충분하게 공개하고 설득해야만 최종 확정된다. 하지만 방위비분담금 중 군사건설 예산의 경우 매해 총액이 정해진 상황에서 주한미군사령관이 최종 사업목록을 확정한다. 그러다 보니 개별 사업에 대한 타당성 여부를 국회에서 전혀 따져볼 수 없는 구조였다.

더욱 문제가 되는 것은 회계연도 독립의 원칙을 적용받는 우리 국가 예산 사용과 달리 방위비분담금은 매해 집행하지 못한 사업 예산을 모두 이월해서 사용할 수 있도록 했다. 특히 군수지원비에서 이러한 문제가 지속적으로 발생하고 있었다. 매년 수백 억원의 금액이 집행되지 않다 보니, 이 불용예산은 국방부가 언젠가 주한미군에게 갚아야 할 빚으로 쌓여가는 문제가 반복적으로 나타나고 있었다.

박철균 부대표는 그동안 우리 국내법 규정에 어긋나게 방위분담금이 집행되고 있는 사례를 미측 협상단에 차분하게 소개했다. 박 부대표는 제9차 SMA 협상에도 참여했었기 때문에 누구보다 이 문제의 본질을 잘 알고 있었다. 이 때문에 현재 방위비분담금을 집행하는 과정에서 국가재정법과 어긋나고 있는 문제를 조목조목 지적해 나갈 수 있었던 것이다.

하지만 미측 협상단은 "SMA는 국제조약이며 집행되지 않은 금액은 국제조약에 명시된 지급의무 금액이다"는 말만 반복할 뿐, 우리 국내법과의 충돌되는 방위비분담금의 문제에 대해서는 모르겠다는 태도였다.

제10차 SMA 협상 ①차 고위급 협의는 이렇게 서로의 입장 차만 극명하게 확인한 채 끝났다.

나는 미측의 주장을 어떻게 반박할 수 있을지 고민했다. 헌법 제6조 제1항은 헌법에 의하여 체결 공포된 조약과 일반적으로 승인된 국제법규는 국내법과 같은 효력을 지닌다고 규정하고 있다. 그렇다면, 특별협정인 SMA에 국내법과 충돌되는 내용이 담기면 어떻게 해야 할까? 나는 구법과 신법이 충돌할 경우 신법을 먼저 적용하는 '신법 우선 원칙'을 활용해야겠다고 생각했다. 이 원칙에 따라 국내법과 충돌될 수 있는 사안을 협정문에 담을 수 없다는 입장을 분명히 해야 한다는 판단이 섰다.

제주도에서 배수진을 치다

제2차 고위급 협의
2018년 4월 11일~12일 | 제주국제평화센터

　곧 있을 ②차 고위급 협의에 대비하기 위해 2018년 4월 2일 우리 협상단은 전체 워크숍을 가졌다.

　미국이 앵커링 효과를 노리고 있는 만큼 우리에게는 마지노선을 지키는 전략이 필요했다. 장원삼 대표는 협상의 마지노선을 어디까지로 설정할지 물어왔다. 우리는 치열한 논의 끝에 협상단 차원에서 끝까지 물러서지 않아야 하는 마지노선 두 가지를 설정했다. 첫째, 예외적인 현금 지급을 보장했던 내용을 바로잡고 추가적인 현금 지급을 보장하지 않는다. 둘째, '작전지원 비용'을 방위비분담금에 반영하지 않는다. 다만, 총액과 증가율, 유효기간은 충분히 협상이 가능하다. 이 내용은 대통령에게 보고되었지만, 협상 지침과 권한을 위임받지 않은 순수히 협상단 내부의 입장이었다.

제8차 SMA 협상을 거치면서 현금으로 지급하던 방식이 현물 지원으로 변경됐다. 제9차 SMA 협상 때 군사건설 비용 가운데 '예외적인 경우'에 한하여 현금지원을 보장한다는 내용이 새롭게 반영되기는 했지만, 현물로 지원한다는 대원칙에는 변함이 없었다.

①차 고위급 협의에서 미측의 '예외적인 현금지원을 확대해달라'는 요구는 현물지원 원칙이 확립된 제8차 SMA 이전으로 돌리겠다는 의미로, 우리 정부로서는 받아들일 수 없는 무리한 요구였다. 특히 현금으로 지급해야 하는 작전지원 비용 항목의 신설은 미측 협상단의 압박이 강하게 있더라도 일절 대응하지 않기로 방향을 잡았다.

트럼프는 제도개선보다 분담금 총액을 대폭 인상하는데 집착하고 있었다. 우리의 경우 '총액'을 먼저 협상 테이블로 끌어들여 초반부터 미측이 의도하는 대로 끌려다닐 필요가 없었다. 제9차 SMA 협상 결과에 따라 미측의 요구대로 반영된 현금지원 확대 분야를 제9차 SMA 이전으로, 즉 협상지원을 없애는 것이 제10차 SMA 협상에서 매우 중요한 숙제였다.

하와이에서 시작한 ①차 고위급 협의 때는 양국의 의견 차이가 워낙 컸다. 그 격차를 좁히기 위해 한미 양측은 ②차 고위급 협의가 시작되기 전에 국방 채널 소인수 회의를 진행했다. 박철균 협상 부대표가 맥 앤드류 미국 국방부 시설국장 등과 '3+3 협의'를 추진했다.

"가장 첨예한 쟁점을 보이는 군사건설 분야의 경우 예외적인 현금 지원 확대는 받아들일 수 없다. 필요한 경우 한미 양측이 함께 쓰는 '연합방위력 증강사업'을 추가 지원 방향으로 다룬다면 이견을 좁힐 수 있을 것으로 생각한다."

 박철균 부대표가 이러한 입장을 미국 협상단에 전달했으나, 맥 앤드류 국장은 난색을 표명했다. 방위비분담금 대폭 증액이 미측의 협상목표라는 점은 이미 확인되었다. 앤드류 국장의 '난색'은 우리 국회의 통제를 받지 않고 주한미군사령부와 미 인도태평양사령부, 혹은 미 국방부가 유연하게 쓸 수 있는 현금지원을 더 많이 확보하겠다는 것을 의미했다.

 2018년 4월 11일 제주도 서귀포시에 위치한 제주평화연구원에서 ②차 고위급 협의가 열렸다. 대외적으로 너무 공개된 장소는 아니면서 다양한 규모의 회의실이 있는 곳을 찾아야 했는데 제주평화연구원이 제격이었다. 물론 ①차 고위급 협의가 하와이에서 열렸기 때문에 주한미군에게 인기가 좋은 제주도를 고른 측면도 있었다.

 제주평화연구원 주변에는 협상 시작 전부터 '평화와 통일을 여는 사람들'과 '제주해군기지 반대대책위원회' 소속 회원 20여 명이 피켓 시위를 진행하고 있었다. 이들의 요구는 '방위비분담금 2배 인상

반대', '제주해군기지 미군기지화 반대'였다. 피켓시위는 우리 협상단에게 도움이 되었다. 적은 인원이라 할지라도 미국측에 우리 국민들의 여론을 보여주는 것이기 때문이다. 방위비분담금 인상을 반대하는 국회와 시민단체의 여론은 우리 협상단의 협상력을 높여주는 역할을 톡톡히 했다.

제주평화연구원 앞에서 시위하고 있는 평통사 회원들
<출처 연합뉴스>

②차 고위급 협의가 시작되자 베츠 대표는 "주한미군사령관이 방위비분담금 예산 집행 과정에서 확실하게 재량권을 더 많이 보장받아야 한다"며 날을 세웠다. 주한미군사령관이 방위비분담금 사용을 유연하게 결정할수 있도록 해달라는 것이었다. 참고로 주일미군이 있는 일본의 경우 방위비분담금 사용 과정에 주일미군사령관의 재량권을 인정하지 않고 있다.

게다가 2013년 4월 15일에 공개된 미 상원 군사위원회 보고서는 "주한미군사령부의 방위비분담금 군사 건설비 사용에 대해 철저한 관리 감독이 필요하다"점을 강조하고 있었다. 하지만 미측 협상단은 이러한 흐름에 아랑곳하지 않고 주한미군사령관의 재량권을 더 많이 달라고 요구했다.

장원삼 대표는 "예산 사용의 투명성, 책임성을 강화하는 방식으로 제도개선이 필요하다"며 "대한민국 국회에서 예산결산과 예산편성 과정에서 방위비분담금의 세부 내역을 투명하게 검증할 수 있도록 제도적 장치가 마련되어야 한다"고 지적했다.

하지만 베츠 대표는 "주한미군사령관이 결정한 사안을 정치인들이 검증하는 것을 반대한다"며 장 대표의 주장을 강하게 반박했다. 주한미군사령부 기참부장인 루크만 장군은 "주한미군사령관이 결정한 사업이 지연되거나 결정이 보류되는 상황을 만들지 않겠다"라며 베츠 대표를 거들었다.

불합리하게 운영되고 있는 제도를 개선하자고 하는데 '내가 알아서 잘할게'라는 답변이 온 것이다. 이는 우리가 강조한 투명성과 책임성을 의도적으로 무시하는 태도였다. 가야 할 길이 멀게만 느껴졌다.

"지난해 한미정상회담에서 문재인 대통령이 '공평한 분담'을 약속했다."

베츠 대표는 문재인 대통령의 약속을 이유로 제10차 SMA 유효기간이 끝날 때까지 주한미군 총 주둔 비용 가운데 50%를 대한민국이 부담하게 만드는 것이 이번 협상의 목표라고 강조했다.

"주한미군 주둔 비용 가운데 25%만을 한국이 분담하고 있는 현실을 개선하는 것이 우리의 목표다. 우리는 대한민국이 주한미군 주둔 비용 가운데 50%를 부담하게 만들겠다."

아이들이 부모에게 용돈을 타 갈 때도 '무엇'을 살 것인지, 비용은 얼마나 되는지를 설명하고 가져가는 것이 기본이다. 하물며 국가 간 협상에서 돈을 '어디에' '어떻게' 쓸 건지도 이야기 하지 않으면서 무턱대고 돈을 더 달라는 것은 시쳇말로 날강도 같은 태도다. 미측의 주장을 듣고 있자니 우리 대한민국을 뭐로 보고 있는지 알 것 같았다. 씁쓸함을 감출 수가 없었다.

그렇다면 베츠 대표의 주장처럼, 대한민국은 정말 주한미군 주둔 비용 가운데 25%만 분담하고 있을까? 당연히 아니다. 트럼프 정부 초기에 '어른들의 축'으로 불리던 렉스 틸러스 국무장관은 2017년 2월 미 상원 인준 청문회 당시 "한국은 이미 충분한 방위비를 분담하고 있다"는 입장을 밝히기도 했다. 트럼프가 좌충우돌식의 행보를 하다 보니 그것을 제어하는 역할을 하는 인물 셋을 '어른들의 축'이라고 불렀는데, 렉스 틸러스 국무 장관이 그 중 하나였다. 하지만 불행하게도 틸러슨 장관은 ①차 고위급 협의가 끝날 무렵 트럼프에 대통령에 의해 트위터로 경질되었다.

미 의회조사국CRS 보고서는 2013년 대한민국의 NPSC 분담률을 42~45%로 계산한 바 있고, 브룩스 전 주한미군사령관도 2017년 미국 상원 군사위원회 제출보고서에서 "대한민국은 NPSC를 41% 부담하고 있다"고 주장했다.

이와 같은 과거 미국의 공식 입장과는 달리 트럼프 정부는 대한민국의 분담 비용을 형편없이 낮게 평가하는 쪽으로 갑자기 입장을 바꿔 버렸다. 따라서 이 협상을 진전시키기 위해서는 '공평한 분담'의 개념을 명확하게 확정할 필요가 있겠다는 생각이 들었다.

미국 측이 총액 타령을 하는 데에는 나름의 이유가 있었다. 제9차 SMA까지 '총액형'을 유지해왔기 때문이다. 문제는 이때까지 대한민국 정부가 직·간접적으로 부담하는 금액에 대해 양국이 공식적으로 합의하고 국민들의 동의를 받은 적이 없었다는 사실이다. 이런 불합리성 때문에 제10차 SMA 협상에 임하는 우리는 미측의 '총액 타령'을 수용할 수 없었고 국내법에 맞게 고치려고 한 것이다. 그럼 왜 우리 정부는 여태껏 한미방위비분담 비용에 대해 쉬쉬하면서 바깥으로 세세한 내용을 드러내지 않으려고 한 것일까? 한미 관계에 돈 몇 푼이 장애가 되어서는 안 된다는 생각에서였을까?

일본 정부는 본인들이 분담하고 있는 직·간접 비용을 국방백서를 통해 매년 발표하고 있다. 이 발표는 미국과 일본의 방위비분담금 협상에 중요한 판단 기준으로 작동했다.

반면에 우리 정부는 비밀주의를 지켜오고 있었다. 그동안 우리 국방부와 외교부는 한미동맹과 관련한 구체적인 데이터를 가급적 외부에 공개하지 않는 것을 원칙으로 삼아왔다. 그러니 이제 와서 "국민에게 허락을 받아야 한다"는 우리의 요구가 미측에는 우습게 들렸을지도 모르겠다.

비밀스러운 진행 때문에 트럼프가 근거도 없이 대한민국이 '푼돈'이나 지불한다는 식으로 평가절하하는 것이 가능했을 것이다. 미측의 주장은 기준도, 근거도 없이 무조건 총액을 올려야 한다며 생떼를 쓰고 있는 것에 불과했다. 우리는 이들의 주장을 당연히 받아줄 수 없었고, 이해해주고 싶지도 않았다. 논의의 근거가 되는 공개된 데이터가 없으니, 협상은 검증이 가능하지도 않고 검증을 할 의지도 없는 주장과 주장이 부딪치는 지리한 공방전으로 흘러갔다.

장원삼 대표는 "우리 정부가 직·간접적으로 주한미군에게 지원하는 비용을 5월 24일 국회 토론회를 개최해 공개하겠다"는 뜻을 베츠 대표에게 전달했다. 베츠 대표는 "미국이 동의하지 않는 데이터의 국회 공개를 받아들일 수 없다"며 반대했다. 우리가 추산한 직·간접 비용을 미측이 수용하든, 수용을 하지 않든, 늦었지만 우리 정부로서는 일본처럼 대외적으로 분명하게 공개할 필요가 있었다.

서애류성룡함 방문기념
'18. 4. 10.(화)

②차 고위급 협의 중간에 방문한 해군 제7기동전단 서애류성룡함에서
이재웅 부대표와 함께

언론의 왜곡이 협상에 미치는 영향

길고 힘든 과정에 비해 ②차 고위급 협의는 아무런 성과가 없었다. 협의를 마치고 나왔을 때, 기자들은 장원삼 대표에게 "미국에서 사드 비용 청구가 있었나"라고 질문했다. 이 질문은 트럼프가 2017년 4월 27일 로이터 통신과 인터뷰에서 "사드 포대 비용 10억 달러를 대한민국 정부가 지불해야 한다"고 폭탄 선언을 했었기 때문에 나온 것이었다. 장원삼 대표는 이렇게 대답했다.

"사드 기지의 보수 유지를 위해 필요하다면 방위분담금 군수지원비로 사용이 가능하다"

이 말은 곧바로 벌집을 쑤셔놓은 상황을 만들어 버렸다. 장 대표 발언의 취지는 주한미군이 운영하는 사드기지의 일상적인 '보수유지'는 방위비분담금으로 가능하다는 것이었다. 언론은 '사드 기지의 모든 것'을 방위비분담금으로 사용할 수 있다는 의미로 받아들였다. 우리 언론들은 장 대표의 이 발언을 앞다퉈 비판적으로 보도했다. 마치 사드기지 '보수유지' 비용이 아니라 사드 포대 전개 비용 및 무기구입 비용까지 방위분담금으로 사용이 가능한 것처럼 기사들을 쏟아냈다.

이렇게 트럼프가 뱉어 놓은 발언이 우리 언론을 통해 뒤틀려 보도되면 우리 정부가 사실관계를 바로 잡아 수습하는 일들이 반복해서 일어났다. 장 대표의 발언은 국방부의 입장과 다르지 않았지만, 발언의 뉘앙스가 묘하게 왜곡되어 번져나가게 된 것이다. 사드 배치 비용 분담과 방위비분담금 사용과 관련하여 박근혜 정부에서는 반대했는데, 문재인 정부 들어 인식이 달라졌다는 왜곡된 보도를 바로잡아야 했다. 곧바로 국방부와 협의를 거쳐 국가안보실 차원에서 사드와 관련한 언론 가이드라인PG을 만들어서 배포했다.

우리정부는 다음과 같은 일관된 입장을 견지하고 있음

1. 사드 배치와 관련한 비용분담 원칙은 우리 정부가 부지 및 기반시설 등을 제공하고 미측은 사드체계의 전개 및 운영유지 비용을 부담하는 것

2. 방위비분담금은 주한미군 주둔비용의 일부를 우리 정부가 분담하는 것으로 주한미군의 일부인 사드 포대 역시 지원대상에 포함

3. 방위비분담금은 인건비, 군사건설비, 군수지원비로 구성되어 있으며 미

측이 합의된 총액 범위내에서 해당 항목에 맞게 소요를 제기할 경우 사용될 수 있음

4. 미측이 사드 포대 유지를 위해 방위비분담금을 사용한다고 해서 우리 정부가 추가적으로 부담하는 비용은 없음

①차 고위급 협의 이후 우리 언론은 작전지원 비용이 제10차 SMA 협상의 최대 쟁점이 될 것이라는 점을 금새 눈치챘다. 2018년 3월 22일 TV조선은 미 현지 소식통을 인용해 "미국이 지난 7일 하와이에서 열린 제10차 한미 방위비 분담금 협상에서 전략 무기 전개와 연합훈련 비용까지 청구했다"고 보도했다. 우리 협상단이 언론에 백브리핑을 하지 않은 내용이었다.

TV조선의 보도로 전략자산 전개 비용에 언론의 관심이 집중되자, ②차 고위급 협의 이후 이재웅 부대표는 외교부를 출입하는 기자들과 백그라운드 브리핑을 진행했다. 비보도를 전제로 "미측이 전략자산 전개비용을 요구했다"는 내용을 제한적으로 알리기 시작했다.

이같은 조치는 과도한 보도 경쟁으로 인해 협상 내용이 유출되는 보안사고 방지를 위한 일종의 '바람빼기' 성격도 있었다. 예방조치는 효과가 있었다. 언론 보도의 방향이 미세하게 바뀌어 간 것이다. 그동안 언론은 방위비분담금 총액이 얼마가 될 것이냐를 놓고 협상을 지켜보고 있었다. 예방조치 이후에는 제10차 SMA 고위급 협의에서 전략자산 전개비용을 비롯한 연합연습 비용을 미국이 어느 정도로 이

야기할지 경쟁적으로 보도했다. 특히 2018년 6월 12일 트럼프가 '4
대 한미 연합훈련 유보'를 발표한 이후, 이들 훈련에 연간 1,000억원
가량의 비용이 들어가고 있다는 구체적인 숫자가 언론에 공개되기
시작했다. 미국 언론도 전략자산 전개비용을 포함한 '작전지원 비용'
항목에 도대체 얼마나 많은 비용이 들어갈 것인지 추정금액을 앞다
투어 보도했다. 이러한 보도들은 미측의 무리한 요구를 압박하는 여
론 형성의 계기가 되었다.

꼭 승리할 것

③차 고위급 협의를 위해 미국 워싱턴 D.C.로 떠나기 전인 5월 8일, 송영무 국방장관이 장원삼 대표를 비롯한 협상단 전체를 서울 용산에 위치한 국방컨벤션으로 초대했다.

송 장관은 노무현 정부 해군 참모총장 출신으로 문재인 대통령이 후보 시절부터 국방분야 현안 조언을 가장 많이 한 참모 가운데 한 명이었다. 또한 문재인 대통령이 한미방위비분담금 협상을 얼마나 중요하게 생각하는지 누구보다도 잘 알고 있는 사람이 송 장관이었다.

이날 송 장관은 우리에게 "작전지원 비용 신설과 같은 미국 협상단의 무리한 요구에 효과적으로 대응하기 위한 좀 더 구체적인 협상전략 마련"을 주문했다. 송 장관은 또 "미측 협상단에게 한반도가 가지는 지정학적 중요성을 지적하라"고 강조했다. 미국이 한반도의 지정학적 중요성을 간과한 결과 미국의 전략적 이익에 부정적인 영향을 미친 '가쓰라-태프트 밀약'과 '애치슨라인' 사례를 예로 들며 "미국의

국가전략 상 대한민국과 한반도의 중요성을 강조해야 한다"고 요구
했다. 특히 송 장관은 "미측이 전략자산 전개 비용과 연합연습 비용
을 포함한 '작전비용' 항목을 신설해 방위비분담금을 대폭 인상하려
는 논리로 활용하고 있는 부분에 적극적으로 대응할 것"을 당부했다.

대한민국이 냉전기 유럽의 서독과 같이 현재 미국의 아태지역 안보
전력에서 전초기지와 같은 지정학적, 군사적 중요성이 있는 지역임에
도 미국이 단순하게 전략자산 전개 비용을 전가하는 것은 잘못된 인
식이라는 점을 분명하게 지적하라고 했다.

이날 행사가 있기 전, 송 장관은 보좌관을 통해 장원삼 대표와 박철
균 부대표, 그리고 내게 자필로 쓴 긴 메모를 각각 보냈고, 잘 읽어보
고 만찬 자리에 와 달라고 당부했던 터였다.

내 지침을 잘 이해하고, 협상 논리를 만들어서 대응할 것

첫째, 한반도의 지정학적 위치의 중요성이 일본에 비해 얼마나 중요한가를
논리적으로 설명해야 하는데, 한미방위조약과 일본의 일방적 방위규정을
비교해서 설명하는 미측을 설득시키지 못하고 있음

둘째, 한반도에 전개되는 전략자산과 주한미군은 미국의 중국에 대한 확장
억제전략에 한반도가 기여하는 것이 더 큰 현실인데, 그 부분을 미국이 간
과하고 있음

셋째, 아시아 권역에서 대한민국만큼 미군에 훈련구역을 제공하고 연합으로 훈련하는 국가가 과연 있는지 검토할 것. 사격훈련장 사용료, 상륙작전을 위한 대규모 해역, 해안, 지상에 훈련구역을 제공하는 댓가 등을 금액으로 환산해서 제시하라고 했는데, 아직 제대로 미측에 제시하지 못하고 있음

넷째, 일본의 센카쿠 열도에서 미군이 사격훈련을 할 때 매년 사용 대가를 일본에 제공하고 있다는 것이 2017년 9월에 발간된 <Asia's Reckoning>에 나오는데, 이 책을 구매해서 일독하고 협상 전략에 활용할 것.

다섯째, 대한민국이 미국의 세계전략을 제일 잘 이해하고 적극 협조하면서 최대한 미군의 사기 진작을 위해 우리 국민과 정부가 얼마나 협조하고 있는지도 계산해 볼 것

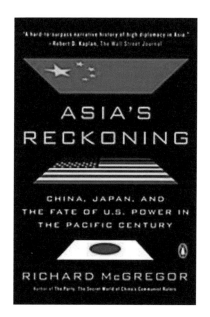

송 장관이 말한 <Asia's Reckoning> 표지

장원삼 대표를 비롯한 협상단은 송 장관의 구체적인 메모에 다소 당황스러워 하는 눈치였다. 국가안전보장회의에서 합의된 지침이 아니라 국방부 장관이 별도로 구체적인 협상 전략을 외교부 소속의 협상 대표에게 지시하는 경우가 흔하지 않은 일이기도 했고, 저녁 식사까지 마련해 전체 협상단에게 당부까지 하는 것은 조금 과하다고 생각했을 수도 있다.

내 생각은 조금 달랐는데, 송 장관의 메모는 사실 매우 적절한 지적이라고 판단했다.

②차 고위급 협의까지 미국 협상단의 주요 논리는 대한민국과 미국의 관계를 일종의 지원과 피지원, 후견인과 피후견인이라는 일방적인 관계를 전제하고 있었다. 상호보완적 한미동맹에 대한 공동의 인식이 합의되지 않은 상황에서 대한민국의 정당한 기여는 거부되고, 무시되기 일쑤였다.

송 장관의 메모는 한미동맹을 위한 대한민국의 기여가 미국의 어떤 동맹국에 비해서도 적은 규모가 아닐 뿐더러 트럼프가 이야기하는 것처럼 결코 '푼돈'이 아니라는 점을 분명하게 지적하라는 강조에 다름 아니었다.

나는 이날, 국방부 장관 한남동 공관까지 함께 이동하면서 미래지향적 한미동맹의 방향에 대해 송 장관이 생각하고 있는 구체적인 구상을 들을 수 있었다. 제9차 SMA 협상을 빌미삼는 미국에 끌려 다니지 말고, 새로운 시대에 맞게 자신감 있게 협상을 해보라는 따뜻한 조언도 잊지 않았다.

"수고하는 것이 애국하는 것임을 이해하고, 꼭 승리할 것."

평생을 군인으로 살아온 송 장관의 당부가 아직도 잊혀지지 않는다.

송영무 국방부 장관님과 국방컨벤션에서

워싱턴 D.C.에서 드러난 '악마의 디테일'

제3차 고위급 협의
2018년 5월 14일~15일 | 워싱턴 D.C. 국방대학교

③차 고위급 협의는 5월 14일부터 미국 워싱턴 D.C.에 위치한 국방대학교에서 열렸다. 협의의 주요 쟁점은 단연 '작전지원 비용'에 맞춰졌다. 베츠 협상 대표는 "주한미군 주둔 비용이 계속해서 증가하고 있다"며 세부 내용을 우리 협상단에 공개했다. 미측 협상단은 '작전지원 비용'을 방위비분담금에 새롭게 추가하게 된 이유로 전력 공백 방지를 위해 미 자산의 순환배치가 확대되고 있다는 점, 북한의 위협 억제를 위해 연합훈련이 대규모로 시행되고 있다는 점을 들었다.

장원삼 대표는 "작전지원 비용 항목을 추가하는 논의는 더 이상 진전시키지 않겠다"라고 선을 그었으나 베츠 대표는 아랑곳하지 않고 설명을 이어 나갔다. 급기야 베츠 대표는 "문재인 대통령이 전략자산 추가 전개를 요구했다. 그렇게 되면 주한미군이 한반도에서 작전하는데 들어가는 비용이 늘어날 수밖에 없고, 이 비용 요구를 할 수밖에 없다"며 책임이 대한민국 정부에 있다고 강조했다.

문재인 대통령이 전략자산 추가 전개를 요구했다는 내용은 무엇일까? 2017년 6월 한미정상회담 계기에 문재인 대통령과 트럼프 대통령은 '외교·국방 확장억제 전략협의체' 고위급 회의의 정례적 개최를 합의했다. 계속되는 북한의 미사일 발사 억제를 위해 죽음의 백조로 불리는 전략폭격기 B-1B 랜서와 같은 미 전략자산들의 한반도 전개를 늘리기로 이 협의체에서 논의했다. 미측 협상단은 이렇게 '협의'로 결정된 전략자산 전개 비용을 '대한민국이 요구해서 시작한 일이니 돈을 대라는 식'의 논리로 억지를 부렸다. 황당하기 짝이 없는 노릇이었다.

미 인도태평양사령부가 한반도 일대로 전개하는 전략자산은 단순히 북한의 도발 억제만을 목적으로 삼지 않는다. 주한미군의 안정적인 주둔을 위해 분담하는 방위비분담금을 미 인도태평양사령부의 작전지원을 위해 사용하게 된다면 적지 않은 논란을 초래하게 될 것이 분명했다.

전략자산 전개와 같은 작전지원 비용을 받아들일 수 없는 또 다른 이유는 이 항목이 곧바로 현금지원을 의미한다는 점 때문이었다. 실제로 미측은 "작전지원을 현금으로 지원한다"는 협정문안을 만들어 우리에게 제시했다. 더욱이 문제가 될 수 있는 부분은 작전지원 명목의 현금을 "주한미군사령부가 아니라 미 국방부로 지급"하도록 요구했다는 점이다.

제9차 SMA에서 현금지원을 요구하는 미측의 의도가 반영된 '이면합의'가 이뤄졌다. '예외적'이라는 단서를 달았지만 이로 인해 우리 국회에서 커다란 논란이 벌어졌음에도 불구하고 미측은 제10차 SMA에서도 결국 마음대로 쓸 수 있는 더 많은 현금을 방위비에서 받아가려 했다. 나아가 미 국방부는 이 현금을 나눠 쓰고 싶은 의도를 숨기지 않았다.

베츠 대표는 "8개월 단위로 순환 배치되는 부대의 수송 비용도 방위비분담금에 포함되어야 한다"고 요구했다. 이는 과거 '전략적 유연성' 논란 당시에도 쟁점이 된 부분이었다. 미군은 2013년부터 국방예산 감소때문에 부대 감축을 계속했다. 이 결정으로 육군은 45개 전투여단을 32개로 줄이게 됐다. 이로 인한 전력 공백 해소를 위해 2015년부터 주한미군도 대대급에서 여단급으로 순환 배치가 확대되고 있는 상황이었다.

주한미군이 '붙박이 군'에서 '신속기동군'으로 변화하는 과정에 장비와 병력을 모두 순환 배치하면, 이로 인한 수송 비용이 급격하게 늘어날 수밖에 없었다. 이 비용을 주둔국인 대한민국에게 부담하라는 것이 이치에 맞는 것인지 이해할 수 없었다.

총액을 급격하게 늘려야 했기 때문에 이렇게 무리한 요구를 하는 것인지, 아니면 30여 년 동안 이어져 온 SMA의 성격과 틀 자체를 새롭게 바꾸려고 하는 것인지, 미측의 정확한 의도를 가늠하기 어려웠다.

③차 고위급 협의에서 베츠 대표의 또 다른 요구는 협정문의 체계를 간소화하자는 것이었다. 기존의 제9차 방위비분담금 체계는 《협정본문》, 《이행약정》, <건설 교환각서>, <제도개선 교환각서>로 이뤄져 있었는데 이것을 《협정본문》과 《이행약정》으로 간소화하자는 것이었다. 우리로서는 마다할 이유가 없었다.

《협정본문》은 대한민국 정부와 미국 정부를 의무 주체로 하는 조약의 한 형태다. 미국의 경우 행정협정의 성격으로 미국 의회의 비준동의를 받지 않아도 되는 반면, 우리나라의 경우 헌법 제60조 1항에 따라 국회의 비준동의 대상이라는 차이가 있다.

《이행약정》의 법적 성격은 양국 정부 사이에 맺은 조약을 이행하기 위해 정부 기관 사이 합의의 성격으로, 의무 주체는 국방부 국제정책관과 주한미군 기참부장이다. 명확하게 말해 약정은 조약이 아니기 때문에 우리 국회의 비준동의 대상이 아니다.

<교환각서>는 조약 유형 가운데 하나여서 내용에 따라 비준동의 대상이 될 수도 있으나 9차 SMA에서는 2개의 교환각서를 대상에 포함시키지 않았다. 그런데 국회의 비준동의를 받아야 할 중요한 내용

임에도 <교환각서>나 《이행약정》에 몰래 넣어두는 이면합의로 논란을 초래하기도 했다. 제9차 SMA 체결 당시 특수민감보안시설에 대해 예외적으로 현금을 지원할 수 있다는 내용을 《이행약정》에 담았다. 비준동의가 필요한 내용을 《협정본문》에 포함 시키는 것은 우리가 바로 잡아야 할 방위비분담금의 중요한 관행 중 하나였기 때문에 베츠의 제안을 마다할 이유가 없었다.

5.14일 워싱턴 D.C. 모처에서. 왼쪽부터 박철균 부대표, 장원삼 대표, 나, 이재웅 부대표

16

여의도의 소리, 트럼프가 양보하라

제6차 고위급 협의
2018년 8월 22일-23일 | 서울 한국국방연구원

6월 25일 ④차 고위급 협의를 하루 앞둔 날, 베츠 대표는 여의도에서 발 빠르게 움직였다. 그는 국회 외교통일위원회 여야 간사를 직접 접촉해 만났다. 우리측 협상단이 "국회 수용가능성이 낮다"는 이유로 그동안 미국 협상단의 무리한 요구를 번번이 뿌리치는 전략을 사용하고 있었기 때문에 베츠 대표는 직접 국회를 찾아 여론을 떠보려 했다.

베츠 대표가 더불어민주당 외통위 간사를 맡고 있던 홍익표 국회의원을 만날 때, 홍 의원은 제10차 SMA 비준동의를 위해 외통위가 집중해서 살펴보게 될 3개 원칙을 베츠 대표에게 전달했다. 첫째, 국회 비준동의 과정에 엄격한 심의권 보장, 둘째, 방위비분담금의 제도적 투명성 강화, 셋째, 특수민감보안시설SCIF 대상 현금지원 불가였다.

정양석 자유한국당 외통위 간사도 "굳건한 한미동맹에 걸맞게 비용을 분담할 의사가 있다"는 점을 언급하면서도 "미국이 무리하게 총액을 압박하고 있다"고 지적했다.

이렇게 여야 외통위 간사들이 국익의 입장에서 무리한 방위비 증액에 반대한다는 입장을 분명하게 전달했다.

우리 협상단으로서는 나쁘지 않은 결과였다. 이러한 결과는 협상단이 협상의 진행 과정을 꾸준히 설명해왔기 때문에 가능한 일이었다. 우리 협상단은 매번 고위급 협의 전에 NSC 상임위원회에 협상 전략을 보고하고 기본 훈령을 받았다. ④차 고위급 협의의 기본 훈령은 다음과 같았다.

"핵심 쟁점에 대한 우리 입장은 견지하되, 새로운 협의 환경 아래 미측의 입장 여부를 면밀히 탐색할 것. 특히, 총액 등 본격적인 협의를 위해 미측의 무리한 요구 철회가 중요함을 명확하게 알릴 것"

우리 협상단은 내부에서 치열한 토론을 거쳐 대안을 마련하고 기본 훈령을 정리해 협상의 위임 범위를 분명하게 요청했다. 이러한 과정은 외교부와 국방부 담당관들이 협의 진전에 유효하고 창의적인 대안을 만드는 데 큰 원동력이 됐다.

6월 26일 서울 국립외교원에서 개최된 ④차 고위급 협의에서 베츠 대표는 시작부터 불만을 강하게 드러냈다. ③차까지 고위급 협의가 한 발짝도 앞으로 나아가지 않고 있다 보니 조급한 심경을 내비친 것이다.

우리 협상단은 ④차 고위급 협의 이후 외교부 출입기자단과의 백그라운드 브리핑에서 "한미 양측이 간극을 좁혀가고 있다"고 말했다. 하지만 협상단이 뛰어 넘어야 하는 현실의 벽은 매우 높았다. 협상은 서로가 주고받기를 통해 합의점을 찾아야 하는 것인데, 트럼프의 과도한 관심이 오히려 양국 협상단의 협상력을 약화시키고 있었다.

트럼프는 6월 12일 김정은 북한 국무위원장과의 센토사 합의 이후 "4대 한미 연합 훈련을 유예하고 한반도에 전략자산을 전개하지 않겠다"고 선언했다. 트럼프는 북미정상회담을 '천재지변적인 성공'으로 표현했다. 북미정상회담이 역사의 흐름을 바꿀 것으로 기대하는 듯했다. 그런 흐름을 타고 SMA 협상도 성공적으로 마침표를 찍고 싶었던 것 같았다.

그러나 베츠 대표는 "작전지원 항목 신설을 철회할 생각이 없다"며 오히려 "트럼프 대통령이 원하는 숫자에 대한 성의를 보여 주라"고 압박했다. '작전지원 비용' 항목을 신설해야만 방위비분담금 총액이 큰 폭으로 증가할 수 있다는 것을 미국 협상단은 알고 있었다. 우리 협상단도 트럼프가 큰 폭의 총액 인상에 대한 욕심을 쉽게 포기를 하지 않을 것임을 알고 있었다.

당시 우리 언론은 '전략자산 전개가 줄어 미국의 방위비분담금 인상 요구 명분이 약해졌으니 우리 정부가 잘 활용해 비용부담을 줄여야 한다'는 식의 보도를 쏟아냈다. 한 언론은 '한미 연합훈련 중단, 韓 방위분담금 인상 부담 줄었다'는 제목의 기사를 내보내기도 했다.

미측은 이런 여론의 압박에는 전혀 신경을 쓰지 않았다. 다만 트럼프의 일방적인 기자회견으로 '작전지원 비용' 가운데 '연합훈련'과 전략자산의 한반도 전개가 유예됐기 때문에 큰 폭의 증액 논리가 다소 힘을 잃게 됐다. 하지만 미측은 다른 2가지 구성요소인 "미2사단 순환배치부대의 수송비용과 주한미군 역량 및 준비태세 제고비용은 계속 유지되고 있다"는 점을 들어 "작전지원 항목을 신설해야 한다"고 주장했다.

상황이 이렇다 보니, 미측은 최초에 총액으로 제시했던 기존입장(1조 4,400억원, 증가율 7%, 유효기간 10년)을 철회하지 않고, 계속 고수했다. 베츠 대표는 이 상황을 서로가 각자가 파 놓은 진지 안으로 들어가 바깥으로 나오려 하지 않는 '참호전'으로 비유했다. 적절한 비유였다.

하지만 우리 협상단은 '참호' 바깥으로 나갈 용의가 있다는 점도 분명하게 알렸다. 미측이 '작전지원 비용' 항목 신설 요구를 철회하면, 그때부터 총액 등 핵심 쟁점에 대해 본격적인 논의가 가능하다는 입장을 전달했다. '작전지원 비용'을 방위비분담금에 반영하지 않더라도 총액을 합리적으로 늘릴 수 있는 방법이 없는 것은 아니라는 점도 설명했다. 가령, SMA 가운데 많은 비중을 차지하는 항목이 주한미군 사령부에서 근무하는 한국인 근로자 '인건비'인데, 2017년 기준으로 약 9,000명 가량이 근무한다. 이들에게 지급되는 인건비 5,500억원 가운데 방위비를 통해 지급하는 금액이 3,600억원이었다. 약 68%가량을 방위비로 분담하는 것이다. 나머지는 미 국방부 예산으로 충당한다. 다른 말로 하면, 1,900억원을 증액하면 한국인 근로자 인건비 전액을 방위비로 분담할 수 있는 상황이었다. 이런 논의라면 우리 협상단으로서는 얼마든지 협의를 구체적으로 진행할 용의가 있었다. 일본은 주일미군에 근무하는 일본인 근로자 인건비 100%를 분담하고 있다. 이 점을 고려하면, 주한미군사령부와 예하 부대에 근무하고 있는 전체 한국인 근로자 인건비의 100%를 방위비분담금으로 충당할 수도 있는 것이다. 총액의 인상과 한국인 근로자 인건비 분담 비율의 확대를 함께 고려하는 논의라면, 우리 협상단으로서는 참호에 들어가 있을 이유가 없었다. 다시 말하자면 참호에 들어가 웅크리고 있는 사람은 우리가 아니라 베츠 대표와 미측 협상단이었다.

우리는 미측 협상단과 함께 평택에 있는 캠프 험프리스 기지를 방문했다. 주한미군사령부가 있는 험프리스 기지를 조성하는 데 우리나라 돈 10조원 이상 들어갔다는 점을 알려주기 위해서였다. 주한미군이 쓸 기지를 위해 이렇게 큰 돈을 들일 정도로 대한민국이 비용을 부담할 의지가 있음을 보여주려고 한 것이었다. 우리 정부는 이 기지 조성 비용 가운데 95% 이상을 부담했다. 그러니 대한민국의 기여를 인정하고 방위비분담금에 너무 집착하지 말라는 뜻도 있었다. 하지만 돌아온 것은 트럼프의 면박이었다.

"95%를 했으면서 왜 100%는 부담하지는 않는 것인가"

④차 고위급 협의까지를 지켜보면서 미측이 제10차 SMA 협상에서 중요하게 생각하는 우선순위를 가늠할 수 있었다.

첫째는 트럼프가 만족할 만한 총액의 대폭적인 인상이다. 둘째는 주한미군사령관이 우리 국회와 국방부의 견제와 감시를 벗어나 좀 더 자유롭게 방위비분담금을 쓸 수 있는 재량권을 확보하는 것이다. 셋째는 '작전지원 비용' 항목의 신설이다. 물론 셋째 요구는 총액을 늘리기 위한 명분 쌓기에 불과했다. 동맹국에 대한 존중보다는 트럼프가 설정한 총액을 맞추기 위해 변화하고 있는 한반도 안보 상황을 아무렇지 않게 가져다 쓰는 데 거리낌이 없어 보였다. 트럼프 시대, 한미동맹의 가치가 분명히 변화하고 있다는 것을 느낄 수 있었다. ④차 고위급 협의는 그렇게 미측이 요구하는 것들을 분명히 확인하는 것에 의미를 둬야 했다.

제10차 한미방위비분담금 ④차 회의 모습, 2018년 6월 26일 서울 국립외교원

<출처 연합뉴스>

루이스-맥코드 합동기지, 장소의 정치학

제5차 고위급 협의
2018년 7월 18일 - 19일 | 시애틀 루이스-맥코드 기지

⑤차 고위급 협의는 7월 18일 미국 시애틀 인근 타코마에 위치한 루이스-맥코드 합동기지에서 열렸다. 미 국무부는 7월 19일 트위터를 통해 "주한미군과 주한 미 대사관, 미 동아태사무국을 지원하는 루이스-맥코드 합동기지 부대에서 작전지원 비용을 논의한 것이 이번 회의에서 가장 첨예한 쟁점이었다"고 발표했다. 루이스-맥코드 합동기지를 ⑤차 고위급 협의 장소로 선택한 미국의 의도는 국무부 트윗의 친절한 설명을 통해 쉽게 눈치챌 수 있었다.

루이스-맥코드 합동기지는 을지포커스가디언UFG 훈련과 같은 한미 연합훈련에 참여하는 부대 가운데 하나인 미 육군 1군단의 기지가 있는 곳이다. 1993년 한미연례안보회의의 합의각서에 따라 한반도의 유사시 미 증원전력을 대한민국에 투입하기 위한 연합 전시 증원 연습을 한미연합사령부 주관 아래 1994년부터 매년 실시하고 있었다. 전시 증원전력은 루이스-맥코드 합동기지를 거쳐 대한민국으로 들어오게 된다.

이 비용을 돈으로 환산하면 얼마나 될까? 연합훈련을 위해 전개하는 병력과 장비를 수송하는데 들어가는 비용은 얼마나 될까? 트럼프의 논리에 따르면 이 비용은 고스란히 방위비분담금에 포함되어야 한다. 이런 메시지를 던지고자 ⑤차 협상장을 루이스-맥코드 합동기지로 정한 것이었다.

애초에 제10차 SMA ①차 고위급 협의가 하와이에서 시작된 것부터가 뜬금없는 것이었다. 과거의 사례를 보면 SMA 협상은 서울과 워싱턴을 오가며 진행됐다. 미측이 하와이에서 첫 고위급 협의를 시작한 이유는 그곳에 인도태평양사령부가 있기 때문이다. '작전지원 비용' 항목 신설을 이야기하기 위해 인도태평양사령부가 위치한 곳으로 고위급 협의 회의 장소를 택한 것이다.

앞에서 계속 이야기 했지만, SMA는 '주한미군의 안정적인 주둔을 위한 비용 가운데 우리가 부담할 비용'을 정하는 협상이다. 그렇기 때

루이스-맥코드 합동기지에서 이재웅 부대표님과 협상 중간 휴식시간에

문에 논의의 초점은 두 가지에 맞춰져야 한다. 하나는 '한반도에 주둔'한다는 지리적·공간적 범위이다. 또 하나는 그 공간에서 작전 및 임무수행을 위해 일정기간 배치되는 '주한미군' 병력이다. 그러나 미측은 이 틀을 깨기 위해 사활을 걸고 있는 모습이었다.

베츠 대표는 트럼프의 분노만 생각하고 있었다. 그래서 장원삼 대표가 "국회의 비준동의를 받지 못하면 모든 협상의 노력이 수포로 돌아

간다"는 말을 했을 때 베츠는 짜증섞인 반응을 보였다.

"더 이상 국회 이야기는 마시죠."

미국은 SMA가 의회의 비준동의를 받지 않아도 되니까 그렇게 반응할 수도 있다. 하지만 우리는 국민과 국회의 분노를 생각해야만 했다.

미국 국무부가 트위터를 통해 공식으로 '작전지원 비용 항목을 논의하고 있다'고 먼저 공개를 했다. 때문에 우리도 어쩔 수 없이 우리 언론들이 쏟아내는 질문들에 대해 공식적으로 확인을 해줘야 하는 상황이 되었다.

장원삼 대표는 7월 24일 우리 외교부 출입 기자단과의 백그라운드 브리핑에서 다음과 같이 입장을 설명했다.

"우리는 작전지원 항목 자체를 받아들일 수 없다는 입장을 견지하고 있다. 새로운 항목을 신설해 비용을 부담하라는 것은 원칙적으로 수용 할 수 없다."

7월 30일 장 대표는 이재웅 부대표, 박철균 부대표와 나를 외교부 청사 내 사무실로 불러 소인수 협의를 진행했다. 장 대표는 "트럼프 대통령이 기대하는 총액을 맞추기 위해 미측 협상단이 작전비용 항목을 강하게 요구하고 있다. 이런 상황에서 작전지원 비용 절대 불가 여론이 형성되고 있는 것을 베츠 협상대표가 매우 불편해하고 있다"

고 전했다.

그동안 미측은 자신들의 요구가 관철되지 않으면 국내 언론을 통해 한미동맹이 흔들리고 있다는 식의 기사가 나오게 만들었다. (조선일보, 2019.01.27. 한미 방위비 갈등, 어쩌다 여기까지…천억원에 흔들리는 동맹) 하지만 제10차 SMA 협상단은 달랐다. 우리는 고위급 협의가 끝날 때마다 우리 언론을 만나 백그라운드 브리핑을 가졌다. 매회 협의의 핵심 쟁점을 엠바고를 걸고라도 언론에 알렸다. 미측이 보수 언론에 정보를 흘려 유리한 국면을 만들려고 하는 과거의 전략을 쓰지 못하도록 하기 위해서였다. 우리는 언론을 협상의 또 다른 주체로 활용한 셈이었다. 우리 언론은 협상단이 직접 말하기 어려운 내용을 지적하고 여론을 형성하도록 도왔다. 전략자산 전개 비용, 사드포대 배치 비용, 작전지원 비용 등 트럼프가 그동안 강조했던 사안들의 경우 언론에 부당성을 알리는 논리를 비보도를 전제로 공개했다. 언론이 우리의 서브 트랙 역할을 한 것이다.

이것을 투-레벨 게임Two-Level Game이라고 한다. 로버트 퍼트남은 양면게임이론Two-Level Game Theory을 동원해, 국가 간 협상은 국가 간이라는 외부 게임과 국내 정치라는 내부 게임이 두 차원에서 동시에 진행된다고 강조했다. 우리 국회와 시민단체 등은 이런 투 레벨 게임에 제대로 참여해주고 있었던 것이다.

미측 협상단도 우리 언론에 보도되는 내용과 여론의 흐름을 감지하고 협상 전략을 바꿨다. 협상과정을 자신들이 컨트롤할 수 없게 되자 베츠 대표는 우리의 언론 브리핑에 불만을 토로하며 제지하려고 했다.

우리는 투명성을 보여야 국회 비준동의를 더 잘 얻을 수 있다는 이유를 들어 언론 브리핑을 멈추지 않았다. 그 결과 여론 지형은 우리에게 매우 유리하게 흘러갔고, 협상이 장기화 되면서 양국 간에 불협화음이 있더라도 우리가 끌려가지 않을 수 있게 되었다. 주한미군 감축 카드나 한미동맹이 흔들린다는 전형적인 레퍼토리가 이번 협상에는 먹히지 않은 것이다.

트럼프를
이기는
협상

한미방위분담금 협상을
기록하다

3부

협상 후반전

협상의 실마리, 쟁점을 수면 위로 올려라

⑤차 고위급 협의에서 미측 협상단은 이런 요구를 해왔다.

"현재까지는 주한미군 소속이 아니더라도 창 정비를 포함한 작업을 위해서는 한반도 내에 들어와 있는 자산으로 한정해 지원을 하는 상태이지만, 한반도 전구 밖에 있는 자산에 대해서도 역외에서 정비를 받을 수 있도록 해야 한다."

이 이야기는 쉽게 말하면 주한미군과 상관없는 비행기 수리비도 우리가 방위비분담금으로 지원해야 한다는 소리였다.

더 중요한 것은 한반도 전구 밖으로 출장을 가서 정비를 할 수 있도록 해달라는 부분이었다. 이건 또 무슨 소리인가. 미국측이 이러한 요구를 하는 이유를 파악해 보기 위해 대한항공의 미 군용기 정비 계약 현황을 살펴볼 필요가 있었다. 특히 주한미군 외 군용기를 대상으로 역외에서 수리 및 정비를 진행할 때 방위비분담금을 지원한 적이 있는지, 했다면 어느 정도 규모인지를 꼭 확인해 봐야 했다.

그래서 나는 2018년 8월 13일 김해공항에 위치한 대한항공 항공우주사업본부를 방문했다. 대한항공은 아태지역 미 군용기를 대상으로 보수 및 정비 용역 계약을 맺어 오랜 기간 영업을 하고 있었기 때문에 현장 상황을 있는 그대로 살펴볼 수 있는 곳이라 생각했다.

세부적인 토의를 하기 위해 우리 협상단의 일원이기도 한, 국방부 군수관리실 모 사무관과 국가안보실 모 행정관도 함께 했다. 나는 국방부 실무자에게 "구체적인 방문 이유에 대해서는 일체 알리지 말아 달라"고 당부했다. 대한항공 측에서 그 어떤 대비도 할 수 없게 하기 위해서였다.

대한항공에서는 임진규 상무와 미군사업 관련 임원들이 참석했다. 대한항공 김해공장에서는 미 군용기 특정 기종에 대한 성능 개량 및 창 정비 사업을 하고 있었는데, 임 상무는 준비한 프리젠테이션을 토대로 구체적인 사업내용을 상세히 설명해줬다.

"주한미군 및 주일미군 군용기 정비를 위해 연 평균 방위비분담금 254억원을 사용하는데 이 가운데 주일미군 군용기 정비를 위해 193억원(약 76%)을 사용하고 있습니다. 재료와 부품비는 미 국방비로 부담을 하는데 대한항공이 먼저 사용하면 미측이 차후에 지불하는 방식으로 운영하고 있습니다. 방위비분담금으로는 공임비를 분담합니다."

'이거였구나!!' 나는 브리핑을 끊고, "대한민국 영토 외 지역, 가령 괌이나 오키나와까지 정비 인원이 출장을 가서 정비를 하나"고 물었다.

임 상무는 뜻밖의 답변을 했다.

"주일미군 항공기를 포함한 대부분의 정비는 김해에서 수행하지만 '영토 외 지역 출장' 정비도 이뤄지고 있다."

나는 다시 물었다.

"어떤 경우에 한반도 영토 외 지역 출장이 이뤄지나?"

"창 정비를 하는 주기에는 김해에 기체가 입고되는데, 운행하다가 부주의로 날개가 부러지거나 사고가 날 경우 한반도 바깥으로 출장 정비를 나가고 있다."

출장비의 경우 방위비분담금을 통해 별도로 지급할 수는 없지만, 정비계약 금액 안에 이러한 비용이 포함되어 있기 때문에 미군이 요청하면 얼마든지 가능하다는 것이었다. 특히 1991년 처음으로 방위비분담금 협정이 체결된 이래 주일미군 기지에 있던 F-15 창 정비에 들어가는 비용을 우리 방위비분담금으로 지불하고 있다는 것을 현장에서 생생하게 들을 수 있었다. 대한항공이 방위비분담금으로 수리하는 대상도 일본에 주둔하고 있는 미 공군과 해군, 육군이 사용하는 항공기 F-15·HH-60·CH-53로 다양했다. 2017년 기준으로 주한미군 및 주일미군 군용기 정비를 위해 방위비분담금 254억원을 지급했는데, 이 가운데 주일미군 군용기 정비를 위해 76% 수준인 193억원을 사용하고 있었다.

나는 현장점검을 마치고 서울에 도착하자마자 현장에서 들은 내용을 이재웅 부대표와 박철균 부대표에게 공유했다. 방위비분담금의 경우 군수 분야는 현물지원 원칙이 이뤄지고 있었기 때문에 국방부 군수관리관실에서 주한미군이 승인을 요청하는 내용을 꼼꼼히 따져보면 사전에 얼마든지 걸러낼 수 있었을 텐데, 왜 문제 제기를 지금까지 하지 않았는지 의문이 들었다.

특히 제9차 SMA 협상까지 국회에 비준동의를 받는 동안 이러한 사실은 전혀 공유되지 않았고 누구도 문제 제기를 하지 못하게 쉬쉬해 온 것은 아니었을까 하는 생각에 마음이 불편했다. 미국이 요구하는 총액을 대한민국 정부는 줘야만 하고, 주한미군사령관이 알아서 쓰면 된다는 인식은 이러한 오래된 낡은 관행에서부터 시작된 것일지도 모른다.

국방부에서는 '유사시 연합작전 계획에 의해 한반도에 우선 증원되는 전력에 대한 정비지원'이라는 입장을 들어, 아예 이 부분을 공개적으로 드러내는데 마땅치 않아 하는 눈치였다. 하지만 나는 장원삼 대표에게 강하게 밀어붙였다.

"방위비분담금 지출의 기준과 법적인 근거를 우리 국가재정법에 맞춰야 합니다. 그리고 국회의 비준동의 과정에 예산 지출 사유와 근거를 명확히 설명하고 개선방안을 마련해 이해를 구해야 합니다."

　나는 전쟁으로 인해 깊은 바닷속에 가라 앉은, 부서진 배의 잔재들을 수면 위로 끌어올리는 느낌이 들었다. 오랫동안 존재해왔으나 외면하고 싶었던 방위비분담금 핵심 쟁점 하나를 수면 위로 떠오르게 한 것이다.

19

주한미군은 새로운 드래곤힐 호텔을 원한다

하와이에서 개최된 ①차 고위급 협의 때부터 미측 협상단, 아니 좀 더 정확히는 주한미군사령부에서 참여한 공병장교는 방위비로 위락시설을 짓고 싶어 하는 의사를 은근히 드러냈다. 당시 ①차 고위급 협의에 참여했던 주한미군사령부 공병부 담당관은 "위락시설은 준비태세 유지를 위해 보장되어야 할 삶의 질을 위한 시설인데, 위락시설의 종류를 제한하면 주한미군과 가족들이 삶의 질을 높이는 데 한계가 생긴다"며 "방위비분담금으로 위락시설을 제한하는 규정을 삭제해야 한다"고 요구했다. 물론 지금 당장 소요는 없지만 앞으로 생길지도 모르는 필요를 대비해서라는 전제도 달았다. 이러한 것이 "주한미군사령관의 재량권을 확대하는 차원"이라고 했다.

나는 평택 험프리스 건설사업을 책임지고 있었던 주한미군기지 이전사업단 관계자로부터 주한미군들이 어떤 '위락시설'을 원하는지 의견을 들어볼 수 있었다. 그들이 가장 바라는 것은 용산에 있는 '드래곤힐' 호텔과 같은 편의시설이라는 것이었다. 이 관계자는 "기지 밖에 군인들을 위한 임대주택을 건설할 때도 근처에 위락시설을 같이 짓기를 희망"했으며, "미군들은 연합훈련 계기에 제주도를 방문해 휴식하고 싶어 한다는 의견들이 많다"고 귀뜸해 주었다. 전국에 산재한 주한 미2사단을 평택 등 5개 기지로 통폐합해 재배치하는 내용을 담은 한미 연합토지관리계획LPP·Land Partnership Plan에 따라, 2006년 제주도 대정읍 모슬봉에 있던 '맥냅McNabb 미군기지'가 대한민국 정부로 이관되었다. 참고로, 전체 39,000㎡ 규모의 맥냅기지는 1953년에 레이더기지로 설치되었다가 1990년대 중반부터 대한민국으로 이관되었고, 2005년까지 '주한미군복지단 제주휴양소'로 변경되어 운영되었다.

주한미군이 이용하는 별도의 휴양소가 이제는 없는 상황인데, 이러한 시설들을 제주도에 다시 건설하고 싶어 한다고 했다. 하지만 이런 요구

Dragon Hill Lodge

는 명백히 우리 재정 운영원칙과 어긋나는 것이었다. 우리 국군도 병사나 간부들의 편의시설의 경우 일반회계가 아닌 별도의 복지기금을 활용해 집행하고 있다. 특히 국내 군 복지시설의 경우, 전투에 필요한

필수 시설이 아니기 때문에 국가 예산을 통한 재원 배분이 엄격히 제한되고 있다.

주한미군에게 제공하는 방위비분담금의 경우도 국방부 일반회계를 통해 예산이 편성되기 때문에 주한미군을 위한 위락시설 건설을 허용하게 된다면 국회와 국민들로부터 엄청난 질타를 받게 되는 것은 불을 보듯 빤했다. 미국 의회에서도 이러한 복지 및 위락시설들을 일반회계로 짓는 것은 원천적으로 불가능했다. 주한미군사령관이 방위비분담금을 이러한 위락시설에 무분별하게 활용하는 것은 미국 상원 군사위원회도 바람직하지 않다는 입장이었다.

다른 측면에서 살펴보면, 서울 용산과 제주에 있던 위락시설과 휴양소가 2004년에 평택으로 이전됐다. 서울 도심에 주둔한 주한미군사령부와 미8군 사령부 등 미군기지를 평택으로 이전하는 내용을 담은 용산재배치계획YRP·Yongsan Relocation Plan 협정과 연합토지관리계획에 따른 것이었다. 그럼에도 또 다시 방위비분담금을 통해 별도의 시설들을 추가로 건설하게 될 경우 이중투자, 과잉투자 논란이 불거질 가능성도 배제할 수 없었다.

사실 이 문제는 미국 협상단 내에서도 이견이 존재하고 있음을 느낄 수 있었다. 주한미군사령부 소속 담당자는 반드시 관철해야 할 사안인 것처럼 의견을 제시했으나, 미 국방부 담당자는 우리 협상단의 의견을 듣고 나서 "주한미군사령관이 위락시설을 무분별하게 짓는 것은 바람직하다고 보지 않는다"며 슬쩍 발을 빼는 모습을 보이기도 했다.

미국측 협상단에 찍히다

제6차 고위급 협의
2018년 8월 22일 - 23일 ㅣ 서울 한국국방연구원

⑥차 고위급 협의를 앞두고 있을 때였다. 2018년 8월의 어느 날, 대통령비서실의 한 행정관이 여민1관 2층에 있는 비서실장실 옆 회의실로 나를 불렀다. 그리고 뜻밖의 이야기를 건네줬다.

"미측 협상단에서 너를 좋지 않게 생각하는 이들이 있는 것 같아. 미 NSC 고위 인사가 이런 이야기를 했다고 하네. '청와대 등 한국 정부 내 방위비분담금 담당자 가운데 일부가 트럼프 대통령의 성향을 잘 모르거나 한미동맹을 약화시키려는 의도를 가진 것은 아닌지 의심스럽다'고 말이야"

내가 미측 협상단에 찍혔다는 의미의 경고 메시지였다. 아마도 백악관 NSC 고위관계자가 워싱턴 D.C.에 근무하고 있는 대사관 채널을 통해 이러한 의사를 우리 정부에 전달한 것 같다고 전해줬다. 그는 대통령비서실장과 국가안보실장에게 이러한 메시지가 전달된 것 같으니 참고하라며 걱정하는 눈치였다.

물론 임종석 대통령비서실장이나 정의용 국가안보실장, 이상철 국가안보실 1차장이 이 일로 따로 나를 불러 어떠한 주의나 당부를 주지는 않았다. 예전 같으면 이런 내용은 외교소식통이라는 익명으로 일부 언론에 흘려 나를 배척하고 공격하게 했을 것이다. 하지만 이번에는 그런 것이 먹히지 않았다. 매회 고위급 협의가 진행될 때 언론에 수시로 백그라운드 브리핑을 하며 첨예한 쟁점이 되는 정보를, 비보도를 전제로 투명하게 공개했기 때문이다. 국익에 저해되는 일을 소수의 언론이 하지 못하도록, 우리는 언론과 한 팀으로 움직이려고 노력했다.

결국 ⑥차 고위급 협의에서 나에 대한 노골적인 불만이 드러났다. 8월 22일 한국국방연구원에서 ⑥차 고위급 협의가 시작됐다. 베츠 대표는 회의를 시작하자마자 엄포를 놓기 시작했다.

"트럼프 대통령이 만족할 만큼의 총액을 보장해주지 않으면 지금까지 결정된 그 어떤 세부적인 합의도 다시 원점으로 되돌릴 수 있다. 모든 것이 합의되기 전까지는 아무것도 합의된 것이 없다"

그러면서 다시 트럼프에게 전달할 상징적인 숫자를 강조했다. 방위비분담금은 한화로 총액을 결정하는데, 1달러당 환율을 1,130원으로 계산하면 미측이 요구하는 최소 10억달러는 1조 1,300억원에 달했다. 군사건설과 군수지원, 주한미군 한국인 근로자 인건비는 갑작스레 늘릴 방법이 없다. 그렇기 때문에 미측에서는 '작전지원 비용' 항목 신설과 '총액 최소 10억 달러 보장'을 압박했다. 이 두 가지가 양측 협상단이 절대 포기할 수 없는 '다른 의미의' 최대 승부처가 되어 버렸다. 특히 베츠 대표 입장에서는 트럼프가 강조한 연합훈련 비용을 반드시 관철해야 하는 핵심 과제가 되어 버린 것이기도 했다.

8월 23일 한국국방연구원 회의실에 양측 협상단 7명씩이 참여하는 소인수 고위급 협의가 다시 열렸다. 가장 쟁점이 되는 연합훈련 비용 지원 문제와 관련한 토론이 시작됐다. 이 자리에서 나는 다음과 같은 의견을 정리해 발언했다.

"한미동맹을 위해 대한민국도 미국에 가서 연합훈련을 진행하고 있다. 대표적인 사례가 림팩 훈련과 레드플래그 훈련이다. 림팩 훈련의 경우 인도태평양 역내 국가들과 같이 대한민국도 훈련에 참가하게 되면 1,000만 달러 이상이 소요된다. 이것은 대한민국이 한미동맹과 역내 국가들과 공동으로 분담하는 비용이다. 레드플래그 훈련도 마찬가지다. 우리 F-15K 전투기가 공중 급유를 받아 가면서 알래스카에 가서 훈련을 하는데 이 때 들어가는 비용은 다 대한민국이 부담한다. 이 훈련에도 수백만 달러 이상의 비용이 수반된다. 우리가 이 훈련비용을 부담하는 것은 훈련을 통해서 작전 운용 호환성을 강화하고, 역내 안보를 공동으로 분담하기 위해서다. 한미가 역내 안정을 위해 각자가 각자의 비용을 분담하면서 평화를 바라는 공동의 가치를 만들어가는 것이다. 그러니 미측도 한미연합 훈련비용을 가지고 너무 집착하지 않았으면 좋겠다."

내 발언이 끝나자 베츠는 마치 계산된 행동처럼 흥분한 모습을 보이며 책상을 '쾅' 내리치며 반박했다.

"동맹 간에 우리가 토의할 수 없는 주제는 없다고 생각한다. 모든 이슈에 대해 우리가 항상 동의할 수는 없지만, 어떤 이슈에 관해서는 이야기할 수 있어야 한다. 우리 관계가 너무 좋지 않아서 토의하기에 부적절한 주제가 있다면, 방위비분담금 협정을 떠나서 더 큰 문제일 것이다."

<림팩훈련>

베츠 대표는 사실 넉넉하고 푸근한 이미지를 풍기는 노련한 외교관이었다. 욕 같은 건 전혀 할 것 같지 않은 KFC 할아버지처럼 말이다. 하지만 베츠 대표도 ⑤차 고위급 협의까지 거치면서 대한민국이 그냥 만만하게 넘어오는 상대가 아니란 것을 안 것 같았다. 협의가 마치 한 뼘의 땅을 뺏는 고지전처럼, 한 발짝도 앞으로 나아가지 못하는 난항을 거치면서 마냥 좋게 이야기해서는 협상이 안된다는 조언을 들었는지도 모를 일이었다.

하지만 나는 다만 국제적인 관례를 이야기한 것뿐이었다. 연합연습과 같은 공동훈련에 참가하는 비용은 참가국이 각자 부담하는 것이 국제적으로 확립된 관례였다. 그런데 이것이 한미동맹을 흔드는 문제인가? 베츠 대표가 화를 낸 것은 여기서 물러설 수 없다는 나름의 엄포였을지도 모르겠지만, 국제적인 관례에 비춰보면 억지스러운 주장임에 분명했다.

사실 이러한 나의 공개발언은 제10차 SMA 협상이 진행되는 동안 이때가 유일했다. 나는 국가안보실에서 나온 협상단으로, 우리 정부가 지키고자 하는 마지노선을 미측에 알려주고자 했다. 베츠 대표도 내가 무엇을 이야기하는 지 알았을 것이다. 또한 그렇게 발언할 수밖에 없었을 것이다. 우리가 마지노선을 보였듯이, 미측도 더 이상 물러나지 못하는 선이 여기라는 점을 보여준 것이라 생각했다.

9.19 남북정상회담과 주한미군

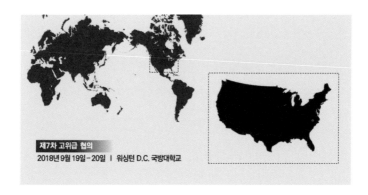

제7차 고위급 협의
2018년 9월 19일-20일 | 워싱턴 D.C. 국방대학교

⑦차 고위급 협의가 워싱턴 D.C.에서 열린 9월 19일, 평양에서는 역사적인 남북정상회담이 열리고 있었다. 북한의 비핵화와 항구적인 한반도 평화를 위한 남북 정상의 움직임은 제10차 SMA 협상에도 직·간접적으로 영향을 미치고 있었다. 한반도 비핵화와 북한의 체제 보장은 향후 주한미군의 규모와 역할 변화에 직접적으로 관련된 것이기 때문이다.

한미방위비분담금은 주한미군의 안정적 주둔을 위해 들어가는 비용 가운데 일부를 우리가 분담하는 것이다. 향후 주한미군의 규모와 역할 변화 가능성은 협상의 불확실성을 높이게 만드는 요인일 수밖에 없다. 국방수권법NDAA에 따라 미국 대통령은 의회의 동의 없이는 주한미군을 2만 2,000명 이하로 줄일 수 없다. 거꾸로 의회 동의 없이도 2만 8,500명 가운데 6,500명 규모는 미 대통령의 의지에 따라 언제든지 감축할 가능성이 있다는 말도 된다. 어떤 조치를 취하든 트럼프 정부에서는 놀랄 일도 아니었다.

9.19 남북공동선언으로 남북 간 군사분야 신뢰구축이 여건이 조성되고 있었다. 이 같은 조건을 고려해 한미국방라인은 한미 연합방위 능력과 대비태세에 영향을 미치지 않도록 조율된 메시지를 내보내야 한다는 공감대가 형성되고 있었다. 남북의 우발적 충돌을 막고 군사적인 신뢰를 구축해 나가는 과정에, 한미 국방당국 간 공조의 필요성이 유지되어야 주한미군의 역할을 둘러싼 불필요한 오해들을 잠재우는 것이 가능하기 때문이다.

과거의 사례에서 보면, 대한민국의 필요와 요구보다는 미국의 대외전략 변화에 따라 주한미군은 매우 빠른 속도로 감축이 이뤄졌다. 1970년대 이후 대표적인 주한미군 감축 사례로는 '닉슨 독트린'을 들 수 있다. 1969년 7월 25일 리처드 닉슨 미 대통령은 '닉슨 독트린'을 발표했다. 그는 "아시아는 아시아인들의 것"이라고 주장했다. 아시아 국가들의 안보는 스스로 책임지라는 의미로, 1971년까지 주한미군 주둔 규모를 6만 명에서 4만 명으로 감축했다.

두 번째 대규모 감축 사례는 1980년대 말, 넌·워너 수정안 통과 이후다. 미국 상원 군사위의 민주당 샘 넌 위원장과 공화당 론 워너 의원이 1990~91년도 미 국방예산안에 대한 하나의 일괄수정안을 주도해 통과시켰다. 이 법안 가운데 주한미군에 관한 주요 내용이 담겨 있었는데, 핵심은 다음과 같다.

대한민국은 스스로 안보의 책임을 증대해야 하고, 주한미군의 직접비용 부담을 증액해야 하며, 미국과 한국 정부는 주한미군의 단계적 감축 가능성에 대해 협의해야 한다. 미국 대통령은 그 결과를 1990년 4월 1일까지 미 의회에 보고해야 한다. 이 수정안이 통과됨에 따라 1992년까지 주한미군 7,000명이 감축됐다.

셋째 사례는 그 유명한 미래 한미동맹정책구상FOTA이다. 미국은 2004년 5월 초에 주한미군 3,600명의 이라크 차출을 결정하고, 5월 17일 부시 미 대통령은 노무현 대통령에게 전화로 설명하면서 1개 여단 규모의 주한미군 감축이 이뤄졌다. 이 때, 이른바 미군의 '전략적 유연성' 계획에 따라 2005년 말까지 총 1만 2,500명을 감축하겠다는 기본계획(안)이 우리 정부에 전달됐다. 1단계로 2004년까지 5,000명을 감축하고, 2005~2006년에 5,000명, 2008년까지 2,500명을 감축하는 것으로 한미 양국이 합의했다. 하지만 북한의 1차 핵실험이 진행된 2006년 이후 2024년 현재까지 주한미군 규모는 28,500명으로 유지되고 있다.

하지만 베츠 대표는 9.19 남북정상회담에 크게 신경을 쓰지 않는 분

<각 연도별 주한미군 주둔 규모 현황>

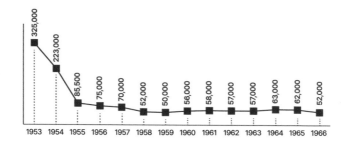

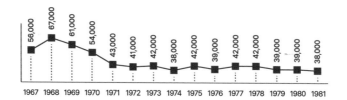

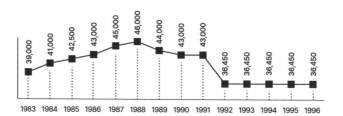

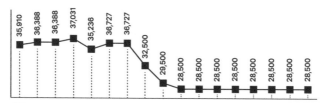

1954	한국전 종전에 따른 병력조정 (2개사단 철수)	1979	3,400명 철수
1964	한국군 베트남 파병	1981	미군 철수계획 백지화
1969	닉슨 독트린	1989	넌·워너 수정안 통과
1971	9,000명 철수	1992	6,550명 철수
1977	주한미군 철수 계획 발표	2004	1개여단 (4천여명) 철군

위기였다. ⑦차 고위급 협의 첫날 베츠 대표의 모두발언은 매우 인상적이었다.

"대규모 군축이 없는 이상 평화는 한시적이다."

"여전히 북한의 위협에 대응하기 위해 국방비를 8.2%나 증액시키는 한국 정부의 대응은 적절한데, 방위비분담금은 늘리지 않는 것은 문제다."

베츠 대표는 '남북정상회담을 하든 안하든 북한의 위협은 상존하고 있고, 너희도 그걸 아니까 국방비 예산을 늘린 거 아니냐'는 식으로 따져 들었다. 베츠 대표의 협상 목표는 오로지 총액을 늘리는 것이었다. ⑥차 고위급 협의에서 우리가 미측에 제시한 제10차 SMA 첫해 총액을 받아들 수 없다는 입장이었다.

9.19 평양공동선언의 영향으로 우리 입장에서는 진전이 있기도 했다. 베츠 대표가 강력하게 요구하던 '전략자산 전개' 비용을 철회하고, '작전지원 비용' 항목 신설도 요구하지 않을 수 있다는 의사를 내비친 것이다. 항목은 빼도 되니 총액만 늘려달라는 요구였다. 또한 군수지원 항목 안에 작전지원 관련 세부항목 확대, 군사건설 및 군수지원 분야에서 현금지원 확대 및 비한국업체 계약 허용도 조건으로 내세웠다.

북미정상회담 기념 주화.

트럼프는 기념 주화를 제작할 만큼 북미정상회담에 공을 들였지만,

결과적으로 기대에 훨씬 못 미치고 말았다.

22

골칫덩이 '미집행 현금'과 시한폭탄 '이월금'

미군 기지 이전비로 쓰기 위해 미국이 방위비분담금을 투자해 이자 수익을 올렸다는 의혹이 2014년 1월 24일 서울신문에 보도되었다.

처음에 한미 양측은 이 사실을 부인했다. 시민단체인 '평화와 통일을 여는 사람들(이하 평통사)'이 국가를 상대로 손해배상 청구 소송을 제기했다. 재판 과정에서 평통사는 뱅크오브아메리카로부터 금융 거래 내역을 입수했다. 그 결과 방위비분담금 현금을 은행에 예치시켜 발생한 이자소득이 2006년, 2007년 사이에만 566억 원에 이른다는 사실을 알게 되었다. 평통사는 이를 토대로 추산하면 2002년부터 2013년까지의 이자소득은 최소 3,000억원 이상에 이를 것으로 추정했다.

이러한 사실이 한겨레 2013년 11월 19일 보도를 통해 공개됐다. 결국 우리 정부(박근혜 대통령)는 방위비분담금을 활용한 주한미군의 '이자놀이' 사실을 시인했다. 2014년 1월, 제9차 SMA 국회 비준동의

안 심사를 앞두고 있는 시점이었다.

\<방위비 분담금 미집행 현금 현황\>

기준 시점	미집행 현금 규모(누적잔액)
2008년 10월	1조 1,193억원
2012년 9월말	7,611억원
2013년 3월말	7,380억원
2013년 8월말	7,111억원
2014년 1분기	5,140억원
2015년 1분기	3,425억원
2016년 1분기	2,883억원
2017년 1분기	2,883억원
2018년 1분기*	2,884억원

※ (2008~2013) 국방부가 주한미군사령부에 요청하여 4차례 제출받은 자료
※ (2014~2018) ⑨차 협정에 따라, 국방부가 매년 주한미군사령부로부터 제출받은 미집행현금보고서
　*군사건설 사업 집행 간 발생한 일부 집행 잔액이 포함되어 수치가 다소(1억원 이내) 증가

\<출처 국방부\>

미집행 현금이 과거의 일이라면, 군수지원 항목에서 이월되고 있는 미집행 이월금은 곧 터질 시한폭탄과 같았다.

"연도 말에 미집행 현물지원분이 남아있는 경우 이 지원분은 다음 연도로 이월된다."

제9차 SMA 협정본문 제3조에 따라 군수지원 분야에서 이월하거나 감액편성으로 지급하지 않은 미지급금이 2017년말 기준으로 562억

원에 달했다. 국방부는 주한미군과 협의를 통해 매년 지급해야 하는 군수지원분담금을 합의액보다 감액된 금액으로 편성하거나, 이월·전용 등의 방식으로, 이른바 가상의 '미지급금 장부'를 만들어 관리했다. 소요가 없는데도 총액을 무조건 증액시킨 탓에 벌어지는 일이었다. 국방부는 "제9차 SMA 협정의 유효기간이 끝나도 이 장부는 그대로 연장시켜야 한다"는 입장이었다. 국방부는 주한미군이 쓰는 돈에는 참으로 너그러운 부처였다.

「군수분야 이행합의서」에도 다음과 같이 명시되어 있었다.

"주한미군사는 해당 달력연도 계약 하에 착수된 사업으로서 동연도 12월 31일까지 완료 또는 지불 청구되지 못한 것으로 예상되고, 12월 31일 이후에 지불을 필요로 할 수 있는 일체의 작업을 각 연도의 11월 30일까지 대한민국 국방부에 서면 통보한다. 서면 통보 내용은 예상 완료 비용 및 시기를 포함하여야 하며, 필요시 이와 같은 견적에 대한 수정 사항을 대한민국 국방부에 서면으로 제출한다."

최소한 이러한 절차를 준수하고, 불가피한 경우 이월을 시킨 것이라면 변명의 여지가 있으나 현실은 그렇지 않았다. 미측은 방위비분담금이 '총액제'에 근거하고 있기 때문에 집행능력과 협정기간을 넘어서도 무제한 보장받을 수 있는 것으로 여겼다. 국방부도 그동안 특별히 이의를 제기하지 않았다. 다만, 탄약관리사업의 경우 미지급된 누적 집행 잔액이 153억원에 달했는데, 2018년 1월에 국방부 자체 검토를 거쳐 불용 처리한 사례는 있었다. 그런데, 왜 나머지 사업은 이렇게 처리하지 않는 것일까? 왜 대한민국 국회는 이 문제에 대해 집요하게 파헤치고 대안을 요구하지 않았던 것일까? 아무도 묻지도 따지지도 않는 방위비분담금은 이렇게 눈먼 돈처럼 쓰이고 있었다.

<방위비 분담금 항목별 미집행액 규모>

(단위 : 백만원)

구분	인건비			군사건설			군수비용		
	배정액	집행액	불용액	배정액	집행액	불용액	배정액	집행액	불용액
2015	349,000	349,000	-	357,426	314,159	9,201	181,254	176,384	557
2016	362,995	362,995	-	425,863	344,537	4,825	162,779	160,973	790
2017	365,540	365,540	-	486,241	403,046	9,253	161,211	134,000	5,206
2018	371,000	371,000	-	518,172	315,215	-	166,890	73,377	-
미집행액 (2018년 누적기준)	-			930,200			56,200		

<출처 국방부>

나는 미지급금을 자동으로 이월하는 것이 우리 국가재정법을 심각하게 무력화시키는 것으로 판단하고, 이러한 문제점을 어떻게 해결할 것인지를 담은 보고서를 작성했다. 국가재정법은 이월예산을 다른 사업으로 전용하거나 그 다음 연도의 재이월을 금지하고 있다. 이렇게 국가재정법과 충돌되는 문제에 눈을 감고 방위분담금만 예외로 적용해서는 안되는 일이었다. 나는 장원삼 대표를 만나 이러한 문제 해결을 위해 미측에 다음과 같은 문안을 협정 본문에 넣자고 제안해야 한다고 요구했다.

"연도 말에 미집행 현물지원분이 남아있을 경우 이 지원분은 다음 연도로 이월된다. (다만) 군수비용 분담의 미집행 현물 지원분은 계약이 이루어졌거나 한국군에 의해 수행되는 용역과 물품의 지원분에 한하여 다음 연도로 이월된다."

하지만 미측은 왜 군사건설과 달리 군수지원 분야에서는 이월을 시켜주지 않냐고 이의를 제기했다. 건설은 여러 해에 걸쳐 사업이 진행되기 때문에 이월되는 것이 마땅한 경우가 많지만 군수지원은 거의 대부분이 단년도 사업이기 때문에 이월에는 조건이 붙을 수밖에 없다. 나는 쓰다가 남아서 이월되는 금액을 무조건 국고로 환수하겠다는 것이 아님을 강조했다. 계약 행위도 이뤄지지 않는 불투명한 사업을 이월시킬 수 없다는 것이 핵심 요지였고, 우리 국내법에 맞춰 제도 개선이 필요하다는 점을 재차 강조한 것이었다.

미측은 취지를 충분히 이해한다면서도 "주한미군사령관이 사용할 수 있는 예산이 불용되는 일을 막아야 한다"며 다음과 같이 수정해 줄 것을 제안했다.

"주한미군사령관에 의해 승인되고 12월 1일까지 한국 국방부에 제출된 사업 목록, 용역과 물품에 한 해 이월된다."

　최소한의 조건을 갖추고 절차가 분명한 사업에 한정하여 이월이 이뤄진다는, 어쩌면 너무나도 당연한 예산운영 원칙에 대해 합의를 이뤄낸 것이다. 나는 이것만으로도 제9차 SMA에 비해 진전된 제도개선을 이룬 것이라 생각했다. ⑦차 고위급 협의에서 드디어 그동안 쟁점이 됐던 문제를 해결하고 협정문에 반영할 수 있는 구체적인 내용이 하나씩 만들어지게 됐다.

미국 국내법은 프리패스 카드?

⑦차 고위급 협의 둘째날인 9월 20일, 우리는 한국인 근로자의 퇴직연금 운영 수수료를 방위비분담금으로 부담하는 부분에 대해 합의점을 찾아가던 중이었다. 그런데 그날 오후 베츠 대표는 이 내용의 문안을 담는 것에 대해 갑자기 반대한다며 몽니를 부리기 시작했다.

"대한민국 정부가 방위비에서 주한미군 한국인 근로자들의 퇴직연금 운영 수수료를 내주고 싶은 점은 알고 있지만 미 국방부에 지원할 근거가 없다. SOFA 노무위에서 해결할 수 있기를 기대한다."

지난 ⑥차 고위급 협의 때 책상을 내리치며 우리가 논의 못할 문제는 없다고 말한 베츠 대표는 어디로 갔을까. 너무나도 당연한 근로자들의 권리를 보장하기 위해 필요한 금액을 방위비분담금에서 지원하자는 요구마저도, 미국의 국내법에 근거가 없다며 단칼에 거부하는 베츠 대표와 미측 협상단의 태도에 무력감이 밀려왔다.

주한미군사령부는 1979년 합의각서를 통해 사령부에서 근무하고 있는 한국인 근로자에게 매년 퇴직금을 중간정산해 왔다. 하지만 2012년 개정된 근로자퇴직급여보장법에서 퇴직금 중간정산을 할 수 없도록 금지되어 주한미군 한국인 근로자들에게도 이 법이 적용되어야했지만, 주한미군 한국인근로자의 노동권이 우리 국내법의 보호를 받지 못하고 있는 상황이었다. 그래서 이러한 문제를 해결하기 위해 주한미군 한국인근로자 노동조합에서는 퇴직연금제 도입을 요구해왔다.

우리 근로자퇴직급여보장법은 퇴직연금 운영 수수료를 고용주가 내도록 되어 있고 구체적인 제도 설정은 노사가 자유롭게 합의하여 결정하도록 규정하고 있었다. 이처럼 우리 국내법에 있는 규정을 방위분담금 협정에도 반영하기 위해 미측에 제안한 것이었다.

하지만 베츠 대표는 "미국 국내법에 근거 조항이 마련되어있지 않다"며 재차 반대했다.

⑤차 고위급 협의까지는 미국 국내법에 없더라도 SMA를 통해 합의를 하면 방위비분담금을 통해 지원하는 것이 가능할 것이라더니, 갑자기 입장이 돌변한 이유를 솔직히 이해하지 못했다. 좌절감이 몰려왔다. 사실 이 문제는 SOFA 노무분과위원회에서 필요성을 인정하고 긍정적으로 논의를 진행해오다 비용을 누가 부담할 것인지를 놓고 공전이 거듭되던 이슈였다. 따라서 방위비분담금협정에 지원근거를

마련하면 주한미군 한국인근로자도 퇴직연금에 가입할 수 있는 사안이었다. 연초부터 이 문제를 놓고 우리 협상단과 긴밀하게 논의를 해온 주한미군 한국인노동조합 손지오 위원장의 얼굴이 아른거렸다.

미측 협상단은 그동안 우리 국내법과 충돌되는 내용이 있더라도 특별협정에 담기도록 강제했던 터라 더욱 화가 났다. 그러면서도 미측은 자신들의 국내법과 충돌되거나 국내법에 근거 조항이 없으면 SMA에 어떠한 내용도 담는 것을 거부하는 이중적인 태도를 보여왔다. 대표적인 사례가 주한미군 한국인 근로자의 처우를 개선해줄 수 있는 퇴직연금 가입문제였다.

제9차 SMA까지는 우리 협상단도 한미동맹을 위한다는 명분으로 이러한 문제를 외부로 알리지 않으려 했다. 대한민국 국가재정법, 그리고 국가계약법의 절차와 규정에 따라 협정문을 조정하려는 의지가 약했다. 또 미측의 '은밀한 요구'를 국회 비준동의를 받아야 하는 협정본문이 아니라 국방부와 주한미군사령부 차원에서 맺어지는 이행약정과 이행합의서 등에 담아 수용해줬다. 이것이 한미동맹을 지키고 국익을 지키는 것으로 생각했다. 이번 협의에서도 그러한 요구, 주장이 반복됐으나 우리 협상단은 예전과 달랐다.

베츠 대표의 '국내법'에 대한 이중적인 태도는 ⑧차 고위급 협의에서도 이어졌다.

승리의 여신도 디테일에 있다

제8차 고위급 협의
2018년 10월 16일 – 19일 ㅣ 서울 한국국방연구원

⑦차 고위급 협의 이후 한반도에는 화해와 평화의 분위기가 무르익고 있었다. 평양에서는 9.19 남북정상회담이 이뤄졌다. 이어 10월 초에 폼페이오 미 국무장관이 평양을 방문하면서 2차 북미정상회담의 여건이 더욱 무르익어 갔다. 제10차 SMA 협상도 화해와 평화 분위기에 걸맞게, 한미가 공동으로 협력하는 모습을 보여줄 필요가 있었다.

⑧차 고위급 협의가 10월 16일부터 서울 한국국방연구원 회의실에서 열렸다. 우리 협상단은 협정의 공백을 최소화하기 위해 진전된 안

을 미측에 제시했다.

첫 해에 한 자리 증가율을 넘지 않는 조건으로 '5년 평균 10억 달러를 보장'하는 3가지 안을 만들어 미측에 제안했다. 트럼프가 받아들일 수 있는 상징적인 숫자인 '10억 달러'를 5년 평균으로 보장한다는 점에서 최대한 성의를 보인 안이라고 생각했다. 협상의 진전을 위해 NSC 상임위원회의 지침을 받지 않은 상태에서 비공식적인 협상안으로 던진 것이었다.

베츠 대표는 수용할 수 없다고 했다. 비공식으로 논의하는 과정에서 미 국방부 실무자는 "국방부는 대체로 수용 가능하다는 의견이 있었지만 백악관 NSC가 좀 더 강경한 입장"이라는 의견을 전해왔다. 트럼프의 의중이 그랬기 때문이다. 트럼프는 한미정상회담 뒤 9월 26일 기자회견을 통해 노골적으로 협상을 압박하는 발언을 했다.

"미국이 3만 2,000명의 주한미군을 주둔시키고 있는데 그들은 아주 부자 나라다. 당신들은 왜 우리가 내는 비용을 보전해주지 않느냐고 대한민국에 물었다. 그들은 나를 바라보기만 하고 대답하지 못했다. 왜냐하면 할 말이 없기 때문이다"

베츠 대표는 나름대로 협상의 진전을 위해 "첫해 총액 1조 2,000억 원과 유효기간 6년, 매년 증가율 4%"를 수정안으로 제안했다. 그리고 작전지원 항목 신설 요구를 공식적으로 철회하는 조건으로 군수지원 내 세부 항목으로 반영, 역외 군수지원 허용, 군수분야 현금지원 확대, 비한국업체 계약을 허용해 달라고 요구했다.

우리는 "기존원칙의 훼손은 협의의 진전 가능성을 차단하고, 국회 비준동의를 더 어렵게 한다"는 점을 설명하며 "기존의 지원원칙 내에서 추가적 부담은 언제든지 상의할 수 있다"는 입장을 다시 한번 강조했다. 총액과 관련하여 양측의 입장차는 크게 좁혀지지 않고 평행선을 달렸다.

작전지원 항목 삭제를 전제로 우리측은 군수지원 항목에 반영할 수 있는 6가지 검토 기준을 마련해 10월 11일 미측과 사전 협의를 진행했다.

우리가 설정한 검토 기준은 첫째, 주한미군 주둔 경비로서의 타당성, 둘째 연합방위태세 기여, 셋째 비용의 정의·범위·규모의 적절성, 넷째, 현물지원 원칙, 다섯째, 대한민국 영토 내 지원, 여섯째, 한국업체 지원 가능성이었다. 우리는 군수지원 항목에 최소한으로 세부항목을 신설하고, 모호한 내용을 최대한 구체화하는 것을 목표로 삼고 미측과 협의를 진행했다.

10월 17일 양국 협상 대표를 포함한 7:7 소인수 회의에서 이 문제를 본격적으로 논의하기 시작했다. '작전지원 비용' 항목 철회를 전제로 양측은 이러한 요구를 군수지원 항목인 '기지운영지원'에 세부적으로 담아내기로 공감대를 형성하고 있었다. 제9차 SMA 협상에서 신규로 반영된 이 항목은 군수지원의 전반적인 유연성을 제고시키기 위해 만들었으나, 이 기간 동안 집행한 내역이 아무것도 없는 상황이었다. 당시에도 기지운영지원은 세부항목을 구체화시키면 이걸 명분으로 총액을 급격하게 늘릴 수 있다고 판단하여 명목만 있는 상태로 방치되고 있었다. 베츠 대표는 최대한 세분화해서 지원항목이 기지운영비에 반영되기를 원했다.

"목록에 없으면 지원이 이뤄지지 않고, 목록이 있어도 지원되지 않는 경우도 있기 때문에 최대한 구체적으로 지원항목을 나열할 수밖에 없다"

신규로 지원할 수 있는 근거를 만들어 분담금 총액을 늘려보자는 의도였다. 베츠는 제9차 SMA 협상으로 확보해 놓은 기지운영비 항목을 교두보로 삼아, 집요하게 총액 인상을 시도했다. 방위비분담금의 다른 항목에 배정된 금액을 줄이지 않고, 신규로 지원할 수 있는 근거를 만들어야 총액을 늘릴 수 있기 때문에 미측의 입장으로서는 이것이 최선의 방법인 셈이었다. 특히 트럼프가 언급한 연합훈련 계기에 주한미군에 편입되는 인원들에 대해 지원이 이루어질 수 있는 근거로도 활용할 수 있어서 더할 나위가 없었다. 결국 세부 항목을 어디까지 인정해줄 것인가가 우리 협상단의 숙제가 되었다.

<9차 SMA 협정기간 군수지원 세부예산 집행 현황>

구분	2014	2015	2016	2017	2018
계(억원)	1,539	1,585	1,585	1,602	1,450
① 정비지원	440	493	617	526	489
② 시설유지	338	295	252	303	256
③ 수송지원	154	153	98	115	172
④ 장비, 물자구매	188	127	171	159	88
⑤ 전쟁예비물자 유지	109	105	86	83	102
⑥ 유류수송	24	24	24	24	30
⑦ 지상탄약	206	307	230	320	241
⑧ 항공탄약	80	81	106	714	70
⑨ 임차	0	0	0	0	0
⑩ 기지운영비	0	0	0	0	0

<출처 국방부>

제10차 SMA 협상이 시작되기 직전, 주한미군은 생화학 실험실 프로그램인 '주피터JUPITR 프로젝트'를 부산항 8부두 미군기지에 도입했다. 이어서 같은 프로젝트를 평택 험프리스 기지에도 도입할 계획이었다. 시사저널은 2017년 12월 27일 이런 움직임을 대대적으로 보도했다.

주피터JUPITR 프로그램이란 '연합 주한미군 포털 및 통합위협인식'Joint USFK Portal and Integrated Threat Recognition이라는 프로그램의 영문 앞 글자만 딴 것으로, 미 국방부가 주한미군에서 실행하고 있는 생화학전 관련 실험을 의미한다. 주한미군이 살아있는 탄저균으로 이 실험을 했다는 사실이 알려지면서 반발 여론이 극도로 높아지고 있었다.

여러 보도에 따르면, 미 국방부는 2018회계년도(2017.10.1.-2018.9.30.)

에 주피터 프로그램 관련 예산으로 876만 8,000 달러(95억 4천만원)를 책정했다. 그런데 만약 생화학전 실험에 들어가는 돈을 방위비분담금 군수지원 항목 가운데 기지운용 비용으로 반영해달라고 미측이 요구한다면, 대한민국 정부는 이것을 수용해야 할까. 원칙과 기준을 명확하게 하지 않으면 얼마든지 벌어질 수 있는 일이었다. 우리 협상단은 국민 정서와 수용가능성까지도 고려해야만 했다. 세부적인 부분까지 꼼꼼히 검토할 수 있는 추가 자료와 시간이 필요했다. 협상단의 고민이 깊어 갔다.

베츠의 모순(矛盾)

국내법과 방위비분담금협정 가운데 어느 것이 더 상위의 법적인 지위를 가지는 것일까. 미국 협상단은 방위비분담금협정이 '상위'라는 전제로 이월금지 조항을 다시 꺼내 들었다. 총액을 주기로 했으면 돈이 남아돌더라도, 혹은 국내법에 저촉이 되더라도 무조건 이월시켜야 한다는 주장이었다. 미측은 "이월금지 조항 신설은 SMA 2조 위반"이라며 반발했다. 베츠는 협정본문 7조에 자동이월 조항을 넣자며 문안을 제시했다.

"동 협정 마지막 해에 남아있는 모든 미집행 현물지원분은 그 다음 해 또는 차기 협정 첫 해에 제공된다."

⑦차 고위급 협의에서 형성된 공감대는 원상태로 되돌아갔다. 베츠의 주장대로 하면 주한미군이 집행도 하지 않은 비용을 대한민국 정부가 방위비로 지급하게 된다. 돈이 남아돌더라도 계속 줘야 한다. 우

리 국가재정법의 원칙을 어기는 것이다. 방위비분담금이 국내법을 초월하는 위상을 가질 수는 없다. 이 부분에 대해 양국 협상단의 인식 차이는 너무나 컸다. 방위비분담금협정과 국내법 사이의 간극은 그동안 방치되어 왔다. 미측 협상단은 이 간극의 방치를 당연시하는 분위기였다. 국내법보다 SMA를 '상위'로 보는 태도였다. 우리도 물러설 수 없었다. 장원삼 협상대표는 바로 반박했다.

"우리가 어떠한 제안을 할 때마다 미 국내법에 따라 안된다는 말을 들으면서 우리도 좌절감을 느끼게 된다. (이월금지 관련 우리의 주장은) 협정을 통해서 합의된 금액을 잘 집행할 수 있도록 협조를 해달라는 것이다."

군수지원에서 1,600억원을 쓰기로 했는데 200억원을 사용처도 정하지 못하고 남겨 다음 해로 이월시켜놓고 다시 신규로 방위비분담금을 제공해 달라고 하면 우리 국회나 국민들이 납득할 수 있을까.

문제는 더 있었다. 협정기간 내 사용하지 않은 금액까지 다음 협정기간으로 이월시키는 것이 가능한지 여부였다. 협정기간이 협정본문에 담긴 내용을 보장하는 의무기간이라고 한다면, 이 기간까지 사용하지 못하고 계속 이월되는 금액을 협정기간 만료 이후에도 보장해 줘야 하는가. 그렇다면 협정기간이라는 것이 무슨 의미가 있을까. 이견이 좁혀질 기미가 보이지 않았다. 베츠는 밑도 끝도 없이 "(대한민국 협상단이) 협정의 의무를 이행하지 않으려 한다"는 식으로 몰아갔다.

산 정상에 오르기 직전이 가장 힘들다

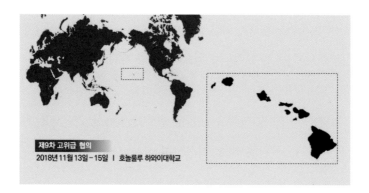

제9차 고위급 협의
2018년 11월 13일 – 15일 ｜ 호놀룰루 하와이대학교

　나는 산을 탄다. 대한민국의 100대 명산에 다 올라가 봤을 정도로 산에 진심이다. 산을 오르다 보면 산 정상에 오르기 직전이 가장 힘들다. ⑨차 고위급 협의를 앞두고 우리 협상단의 심정이 딱 그랬다.

　좁혀지지 않을 것만 같던 쟁점들이 하나씩 마무리되어 갔다. 하지만 첨예하게 대립하는 핵심 쟁점은 진전이 없었다. 협상이 2018년을 넘기게 되면 2019년 1월부터 제9차 SMA의 협정 공백이 발생한다. 시간이 주는 압박감이 우리 협상단에 부담을 가중시켰다. 협상 시간을 마냥 늘릴 수도 없는 것이니, 어떻게든 양국의 입장 차를 좁혀야 했다. 이런저런 압박감을 숨긴 채 11월 13부터 15일까지 ⑨차 고위급 협의가 미 하와이대학교 안에 있는 동서센터East-West Center에서 열렸다.

· 총액, 증가율, 유효기간을 어떻게 정할 것인가
· 작전지원 소요 관련 군수지원 항목 반영을 어떻게 할 것인가
· 군사건설에서 비한국인 업체 계약을 인정할 것인가
· 군수지원에서 미지급금 이월을 허용할 것인가

정리되지 않은 핵심 쟁점들이었다. 우선 장원삼 대표가 총액 관련 협상안을 미측에 제시했다. 대통령께 승인받은 지침이라는 설명도 보탰다.

> 첫해 총액 9,886억원
> 증가율 4.8%
> 유효기간 5년 (3년+2년)

첫해 총액이 1조 원을 넘어서는 안 된다는 심리적 마지노선임을 감안하여 나온 제안이었다. 회의 중간 비공식적으로 미 국방부 측 실무진들은 "이만하면 동의한다"는 입장이었다. 하지만 베츠 대표는 달랐다.

최소 10억 달러 (1조 1,125억원)
이 금액 충족시 첫 증가율은 4% 수용
유효기간 5년

⑧차 고위급 협의와 비교해 미측의 요구 금액 875억원이 줄어 들었지만, 우리측 안과 비교해 보면 1,140억원 가량 많은 금액이었다. 세부적인 대화를 이어갔지만 이 간극은 더 이상 좁혀지지 않았다.

베츠 대표는 협상의 결과가 국제관계에 미치는 영향을 이야기했다. 북미관계가 좋아지려고 하는 지금, SMA 협상의 결과가 더욱 중요하다는 것을 강조했다. 그러니 어떻게든 성과를 내야 한다며 압박했다.

11월 14일, 전체회의에서 루크만 장군은 다음과 같이 요청했다.

"주한미군사령관이 재량권을 가지고 신축적으로 활용하고자 하는 유류, 공공요금, 급식, 기지 방호에 대해 합의를 못하고 있다. 지원 가능한 내용을 일일이 열거하는 방식이 아니라 핵심적인 몇 가지를 제외하고는 '등'으로 처리해 포괄적으로 문안에 넣자"

양국 협상단 국방 당국자들이 만나 군수지원 항목에 담을 구체적인 내용을 두고 협의를 계속 진행해 오고 있었다. 협정본문과 이행약정 문구를 양측이 각각 제시하고 합의를 도출하는 방식의 협의였다.

미측은 "한국 내외에서 미군의 순환배치, 주한미군 전력의 준비태세 강화와 연합훈련의 지원"이라는 문구를 넣자고 했으나 우리는 "주한미군의 상시적 또는 일시적 주둔 지원을 위해"라는 문구로 대안을 제시했고, 어렵지 않게 합의에 도달했다. 한미연합훈련 계기에 한반도 전구로 들어오는 인원들에 대한 지원도 '일시적 주둔'이라는 문구로 가능해졌다.

늘 그렇듯이 실무자들은 꼼꼼히 따지고, 되거나 안되는 이유를 찾는 데 선수들이다. 선수들 간에는 밀고 밀리는 '고지전'이 계속되고 있었다. 주한미군사령관이 마음대로 돈을 쓸 수 있는 방법을 찾아야 하는 루크만 장군은 지리한 공방에 답답함을 느끼고 있었다.

루크만 장군은 '등'이라는 단어의 위력을 잘 알고 있었다. 천상 군인인 루크만 장군도 '등'이라고 적어 놓으면 향후에 끼워 넣기가 가능하다는 것을 알고 있었고, 협상을 전혀 해본 적이 없는 어쩌다 공무원인 나도 그 의미는 알고 있었다. 우리는 '등'이 아닌, 세부사항을 분명하게 열거하는 방식으로 지원 범위를 한정해야 한다고 설득했다. 피곤한 작업이지만 모호함을 제거할 다른 대안은 없었다.

미측은 기지 운영비 세부 항목으로 최초에는 계약, 급식, 물, 위생시설, 세탁, 욕조, 환경, 야전공병, 하역기계, 폭발물 처리, 공공의료 서비스, 핵 생물 화학, 선업, 도로 철도, 창고, 공익사업, 훈련, 임시 숙소 등 16개 항목을 제시했다. 우리는 이 항목 하나하나씩 치열한 토론을 거쳐 미측 요구 사업의 적용 범위를 줄여갔다.

우리 협상단은 지원의 대상과 범위를 명확히 하는 데 집중했다. 우리는 제9차 SMA 이행약정에 반영된 '기지운영지원'에 '일부'A Part Of 라는 문구를 넣어 무작정 늘어나는 비용을 막아낼 근거를 마련하고 자 했다. '기지운영지원'은 사실 미측의 요구로 제9차 SMA 때 군수 지원 운용의 유연성을 늘리기 위해 반영된 문구였다. 따라서 기지운 영지원에 들어가는 비용을 모두 부담해 달라고 요구할 가능성이 열 려있다. 문제가 발생하지 않기 위해서는 용어를 명확하게 정리할 필 요가 있었다. 특히 제9차 SMA 때와는 달리 기지운영지원에 세부적 으로 반영되는 항목을 나열해야 하는 상황이라 비용 가운데 '일부'를 부담한다는 것은 더욱 더 분명히 할 필요가 있었다. 기지운영비용을 모두 보장하는 것이 아니라 그 가운데 일부만을 분담하는 것은 총액과 군수지원 비용의 급격한 상승을 막는 방법이기도 했다.

베츠 대표는 "기지방호와 급식을 반영해주지 않는 것이 이해가 되 지 않는다"며 퉁명스럽게 물었다. 그러면 우리는 "대한민국 국방비는 병력운영비, 전력운영비, 방위력개선비로 통상 구분되는데, 급식비는 병력운영비에 해당하므로 군수지원 분야에서 수용하기 어렵다"는 식 으로 대응했다. 기지방호의 경우도 "민간 경비업체 계약비용을 방위 비분담금으로 부담하겠다는 것이나, 이 경우 경비인력의 총기사용 문 제로 인해 법적인 문제가 발생하기 때문에 수용할 수 없다"고 설명했 다. 이렇듯 미측은 최대한 많은 총액을 이끌어 내려는 의도로 신규 항 목을 집요하게 반영하려 했고, 우리는 일일이 가능 여부를 따져 반영 항목을 최소화시키려 했다. 그 결과, 기지 운영지원의 일부(공공요금 중 전기, 수도, 상수도, 천연가스, 하수처리, 저장/위생/세탁/목욕/폐기물처리/용역)를 반영하는 방향으로 매듭지어졌다. 그동안 ①차 고위급 협의부터 미측 협상단이 줄기차게 주장했던 '작전지원 비용' 항목 철회가 이뤄진 것이다.

⑨차 고위급 협의의 난관은 미측에서 같은 말만 반복한다는 것이었다. 베츠 대표는 "방위비분담금이 늘어야 하고, 현금지원이 있어야 한다"는 요구를 끈질기게 이어갔다. 하지만 우리 협상단도 물러설 수 없었다. 방위비분담금을 인상하는 것에는 동의하나, 미측이 제시한 금액에는 무리가 있었다. 장원삼 대표는 "현금지원에 대해서는 허용할 수 없다"고 매번 확실하게 선을 그었다.

우리는 제10차 SMA 협상에서 원칙을 만들어놔야 했다. 국내법을 준수하고 이후에도 무너지지 않는 원칙을 만들어 놓아야 추후의 협상에서 '굴욕'을 당하지 않을 것이었다. 우리는 12월에 있을 ⑩차 협의에서 마무리 지을 수 있기를 기약하며 ⑨차 협의를 마쳤다.

딜 브레이커

방위비분담금은 현물지원과 더불어 한국업체를 통한 방위비 지원 체계로 발전되어 왔다. 군수분야 방위비분담금 이행합의서 제3조 제 4항은 "대한민국 정부 자금으로 획득될 모든 장비 및 보급품은 대한 민국에서 제조되어야 하고, 모든 군사분야 방위비분담금 용역을 대한 민국 계약업체, 한국 철도공사, 한국군에 의하여 시행되어야 한다"고 규정하고 있다.

1991년 최초 한미방위비분담금협정이 체결된 시점부터 '한국산 물 자'와 '한국업체에 의한 용역제공' 원칙은 제9차 SMA까지 일관되게 지켜져 왔다. 원칙은 대한민국 국민이 낸 세금으로 지원하는 방위비 분담금사업의 경제적 이득이 가급적 대한민국 국민과 기업들에게 돌 아갈 수 있도록 양국간의 합의가 있었기 때문에 유지될 수 있었다. 한 미 양국은 '방위비분담금 대부분이 한국 경제로 환류된다'는 것을 국 회 비준동의 과정에 국민을 설득하는 논리로 활용해왔다.

한편으로는 군수사업에 참여하는 '한국 계약업체' 자격 기준에 대한 논란이 제기되면서 명목뿐인 한국업체의 참여를 차단하는 방향으로 제도를 발전시켜왔다. 물론 무늬만 한국업체를 어떻게 걸러낼 것인지 구체적인 기준과 방법에 대해서는 제도적인 허점이 분명히 존재하고 있었다. 아래 그림은 군수분야 방위비분담금 사업의 진행절차이다.

<군수분야 방위비분담금 사업의 진행 절차>

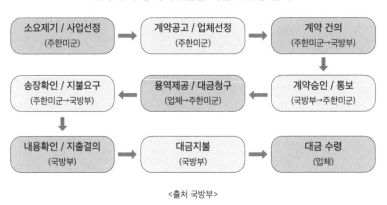

<출처 국방부>

위 내용에 따르면, 군수분야 방위비분담금 사업의 진행절차는 주한미군이 소요를 제기하고 계약 공고를 거쳐 업체를 선정한다. 그리고 나서 계약의 승인과 지출결의, 대금지불을 우리 국방부가 담당하는 방식이다. 때문에 업체 선정과정에서 무늬만 한국업체를 걸러내는 데는 현실적으로 한계가 있었다.

2015년 국방부와 주한미군사령부는 '군수분야 방위비분담금 이행합의서'를 개정하고, '한국업체의 정의'를 '한국민이 지분 51% 이상을 보유한 업체'로 명확히 했다. 하지만 국내 언론은 "무늬만 한국인 업체가 국민의 혈세와 방위비분담금을 빼가고 있는 꼼수를 부리고 있는 형태가 계속되고 있다"며 의혹을 제기하고 있는 상황이었다.

사실 이러한 문제를 해결하는 방법은 의외로 간단하다. 주한미군은 부대운영에 필요한 계약이 있으면 요구조건을 작성해 대한민국 국방부에 제출하면 된다. 그리고 그 이후의 과정, 즉 입찰 공고와 계약자 선정, 계약 체결 등을 국방부가 전담하고 주한미군에 제공하는 것이다. 그러면 무늬만 한국업체인지 아닌지를 놓고 티격태격할 근본적인 원인을 제거할 수 있다.

이렇게 손쉬운 방법이 있지만 미측, 정확히는 주한미군사령관의 동의 없이는 할 수 있는 대안이 아니었다. 다른 방법을 찾기 위해 ②차에서 ⑥차 고위급 협의까지 한미 군수분야 소그룹회의를 지속해 오면서 한국업체 해당여부를 제대로 모니터링 할 수 있는 방안에 대해 공감대를 형성하고 있었다. 양측 협상단은 여러 해에 걸쳐 사업이 진행되더라도 한국업체임을 증빙하는 자료를 매년 제출하는 것으로 협의를 진행했다. 하지만 ⑦차 고위급 협의에서 베츠 대표는 '기존에 맺어진 한국업체의 정의에 동의하지 않는다'며, 제10차 SMA에서 다시 합의하자고 요구했다.

군수지원 분야의 쟁점은 빤한 것이었다. 현금이 필요한 계약이 있으면 미국 국방예산으로 하고, 현물로 가능한 사업의 경우 방위비분담금으로 하면 쉽게 해결할 수 있는 문제였다. 하지만 미측은, 미국 예산은 최대한 쓰지 않고, 남아도는 방위비분담금마저도 이월시키는 것이 주한미군사령관의 재량권을 보장하는 것이라고 우겼다. 우리로서는 받아들일 수 없는 논리였다. 급기야 베츠 대표는 '선'을 넘었다. 비한국인업체, 즉 미국 기업에게도 군수지원 계약이 가능하도록 변경을 요구한 것이다. 이 안을 수용하면 "예외적인 현금지원 요구"를 철회할 수도 있다고 말했다. 베츠 대표는 비한국인업체 계약 허용과 예외적인 현금지원 규정 삭제 가운데 하나를 선택하라며 우리를 압박했다. 운영의 묘를 살리면 쉽게 합의할 수 있는 일이었다. 하지만 베츠 대표는 우리 협상단이 쉽게 결정할 수 있는 범위를 넘어서는 문제로 만들어 버렸다.

협상 대표 교체 카드를 검토하다

협상에 많이 참여했던 외교관들로부터 들은 이야기가 있다. 협상이 난항을 거듭할수록 제시할 수 있는 대안이 많은 쪽이 대체로 유리하다는 것이다. 반드시 제한된 시간 내에 협상을 마치겠다고 급하게 나서면 내주지 말아야 할 것까지 양보하는 상황을 초래할 수 있다는 지적이었다. 이럴 경우, 냉각기를 갖기 위해 협상을 결렬시키는 것도 효과적인 전략이라는 귀띔도 해주었다. 협상을 결렬시키는 가장 손쉬운 방법은 과열되어 있는 순간에 협상 대표를 교체하는 것이다. 이것을 협상의 용어로 '배트나 전략'Best Alternative To a Negotiated Agreement이라고 한다.

하와이에서 진행된 ⑨차 고위급 협의 결과를 보고 받은 11월 말 NSC 상임위원회 회의에서는 교착상태에 빠진 제10차 SMA 협상에 뭔가 다른 변화가 필요한 것이 아니냐는 토론이 오고 갔다. 제도개선과 관련해서 우리 협상단이 미측과 끈질기게 협의를 잘 이끌고 있으나, 총액과 증가율, 유효기간과 관련하여 트럼프의 요구를 일방적으로 밀어붙이려는 미측의 태도를 어떻게 변화시킬지가 논의의 주제였다.

이날 회의에서는 협상 전략의 일환으로 협상 대표를 교체해 냉각기를 가져보는 것이 어떠냐는 제안도 이뤄졌다. 청와대 지하벙커에서 진행된 NSC 상임위원회의 회의 분위기는 곧바로 국가안보실 간담회장에서 대기 중이던 협상단에도 전달됐다.

이날 NSC 상임위원회에서는 장원삼 대표 교체를 검토했으나, 실제로 결행하지는 않았다. 제10차 SMA 협상 막바지에 미측의 무리한 요구가 계속되고 있었다. 이런 상황에서 대표 교체는 굴복하는 모양새로 비춰질 수 있었다. 오히려 미측에 우리 정부의 일관된 메시지를 끝까지 밀어붙이는 것이 더 중요했기 때문에 장 대표에게 힘을 더 실어주자고 결론을 낸 것이었다.

제10차 SMA가 국회 비준동의를 거치고 장원삼 대표와 이재웅 부대표, 박철균 부대표, 그리고 나는 경복궁 역 근처 삼겹살집에서 자주 뭉쳤다. 장 대표는 "교착상태에 빠진 협상의 진전을 위해 설사 협상 대표에서 물러나라고 해도 받아들일 준비가 되어 있었다"고 당시를 회고했다. 장 대표는 협상을 좀 더 촉진하기 위한 전략으로 얼마든지 협상 대표 자리를 내놓을 수 있다는 이야기를 우리에게 해주곤 했다. 협상이 난관에 빠진 원인을 협상 대표의 책임으로 돌리려는 것이 아니라는 점을 장 대표도 모르지 않았다.

뒤늦게 언론을 통해서 안 사실이지만, 이 시기 미국도 우리와 비슷한 문제의식을 가지고 있었다. 대폭적인 총액 인상도 쉽지 않고, SMA 제도개선 논의를 하느라 교착상태에 빠진 협상을 더 이상 끌지 않겠다는 판단을 이즈음 미국 외교국방의 최고의사결정 라인에서도 면밀하게 검토를 시작했다. 기존에 논의되던 판을 깨버리고 트럼프가 계속해서 주장해온 '공정한 분담'을 동맹국에서 받아낼 수 있는 방위비협상 지침을 새로 만들어 처음부터 다시 하겠다는 '큰 그림'은 ⑩차 고위급 협의에서 우리에게 전달됐다.

이제 끝이 보인다

제10차 고위급 협의
2018년 12월 11일-13일 | 서울 한국국방연구원

2018년 3월에 시작된 제10차 SMA 협상이 12월까지 이어지고 있었다. 우리 국회는 2014년 제9차 SMA 비준동의안을 원안으로 가결하면서 "정부는 국회의 예산 심의·확정권을 존중하는 차원에서 향후 한미간 사전 협의를 통해 차기 협상 개시 시점을 기존 협정 종료시점으로부터 늦어도 1년 전으로 하고, 국회의 예산안 제출 시점 이전에 방위비분담금특별협정에 관한 비준동의안을 제출하도록 할 것"을 부대 의견으로 제시하였다. 그런데 이미 시간은 국회의 예산 심의권은

둘째치고, 협정 공백을 대비해야 하는 상황에까지 이르렀다.

제⑩차 고위급 협의를 앞두고 NSC 상임위원회의 협상 지침이 협상단에 전달됐다. NSC 상임위원회의 지침은 우리가 협상에서 도달해야 하는 목표를 제시해주는 것이었다.

"총액과 증가율은 우리측 안을 고수하되, 제도 개선과 관련해서는 유연성 발휘 가능, 제도개선 사항은 협상 수석대표 재량으로 교섭하고 필요시 청훈할 것"

정의용 국가안보실장은 볼튼 미 국가안보보좌관과 해리스 대사를 통해 기존의 우리 협상단이 제시한 안보다 전향적인 "첫해 9,999억원, 4.9% 증가율, 유효기간 5년"으로 하는 포괄협상 안을 제안했기에 미측의 긍정적인 답변이 있기를 기대하고 있었다.

12월 11일 양측 협상단이 모두 모인 한국국방연구원 대회의실에서 장원삼 대표는 "시간의 구애를 받지 않고 협상을 할 준비가 되어 있다. ⑩차 협의까지 온 상황인데 여기서 끝낼 수 있기를 기대한다"며 모두발언을 이어갔다.

⑩차까지 고위급 회의가 진행되고, 동시에 물밑에서 실무자급 소인수 협의가 진행되면서 제도개선 쟁점들도 하나씩 합의가 이뤄지고 있었다. 가장 첨예하게 대립했던 '이월금' 문제도 합의점을 찾아갔다. ⑦차 고위급 협의에서 "12월 1일까지 입찰공고가 나거나 계약이 체결된 사안의 경우 이월이 가능하다"는 공감대가 형성됐다. 미측 협상단

은, 그럼에도 불구하고 이러한 조건을 충족하지 못하는 상황이 발생할 경우에 대응할 수 있는 방법을 요구했다. 최대한 이월을 시키지 않고 협정의 의무를 다할 수 있는 방법으로 베츠 대표는 "군수지원에서 남는 금액은 인건비로 재배정"을 요구했다. 하지만 군수지원, 군사건설, 인건비로 구성된 대 항목을 뛰어넘는 재배정을 위해서는 기재부의 승인을 거쳐야 하는 것이 우리 국가재정법의 절차였다. 따라서 짧은 시간 안에 이러한 논의를 진행하는 데는 한계가 분명했다. 특히 군수지원은 현물지원 원칙인데, 100퍼센트 현금으로 지급해야 하는 인건비로 재배정을 요구한다는 것은 현물지원 원칙에도 맞지 않는 대안이었다.

나는 장원삼 대표에게 "공공요금으로 전용하는 방법에 대해 미측에 제안해 보자"고 요청했다. 항목 내 재배정은 현물지원 원칙에도 맞고, 기재부 승인없이 국방부 내에서도 자체적으로 승인이 가능하다는 이점이 있었다. 장 대표는 곧바로 베츠 대표에게 공공요금으로 전용하는 방법을 제안했다.

"군수지원 분야 미집행분을 공공요금으로 이용이 가능하다는 제안에 대해 내부적으로 검토해보겠다."

베츠의 긍정적인 답변으로 핵심 쟁점이었던 군수지원 이월문제가 일단락 됐다. 기존에 미측이 부담하고 있는 비용 가운데 투명하게 검증이 가능한 것은 군수지원으로 수용하는 것이 현물지원 원칙에도 위배되지 않고 협상의 원활한 타결에도 도움이 될 것으로 판단했다. 집행되지 못한 돈을 쌓아놓고 이월시켜주는 것보다 협정의 의무를 다하면서도 국내경제로 환류시킬 수 있는 제도적 장치를 만드는 것이 더 낫다는 판단도 작용한 결정이었다.

30

⑩차례의 협의를 뒤엎은 트럼프의 몽니

12월 11일 양측 협상단은 오랜 기간 크게 부딪혔던 쟁점들을 정리해 가고 있었다. 이제 가장 쟁점이 되는 총액, 증가율, 유효기간과 관련한 논의만 본격적으로 이견을 좁히면 2018년을 넘기지 않고 협상이 타결되어 가서명까지 갈 수 있을 것이라는 기대감이 피어오르고 있었다. 그런데 오후 회의에서 베츠 대표가 뜻밖의 이야기를 꺼냈다.

"⑩회 연장전을 하고 새로운 가이드 라인을 전하겠습니다. 트럼프 대통령에게 12월 6일 한미방위비분담금 협상과 관련하여 세부 내용을 보고했고 새로운 훈령으로 총액 1조 4,400억원(12.5억 달러)에 1년 유효기간을 제시하라는 지시를 받았습니다."

청천벽력같은 소리였다. ⑩차 고위급 협의까지 달려온 회의 내용을 전부 뒤엎는 발언이었다. 베츠 대표가 입버릇처럼 말해온 "모든 것이 결정되기 전까지 아무것도 결정된 것이 아니다"는 말이 진짜 현실이 된 순간이었다. 이러한 베츠의 태도는 11월 30일 아르헨티나 부에노스아이레스에서 열린 G20 정상회의 계기로 열렸던 약식Pull-aside 회담에서 트럼프의 발언을 통해서도 짐작할 수 있었다. 중앙일보가 2019년 1월 25일 정부소식통을 인용해 "G20정상회의 계기 정상회담에서 트럼프는 주한미군 1년 주둔 비용이 40억 달러인데 대한민국은 6억 달러만 내고 있어 문제이고 이제는 그 두 배인 12억 달러는 내야 한다고 인식하고 있었다"고 보도했다. 트럼프의 이러한 생각이 12월 6일 미측의 새로운 협상안으로 전달된 것이다. 당시 청와대는 중앙일보 보도에 대해 "도널드 트럼프 미국 대통령은 한미FTA나 방위비분담금 문제에 대해 언급할 때가 있지만 조건이나 금액 등 구체적인 말을 한 적이 한 번도 없다"고 반박했다. 이는 협상 타결을 앞두고 불필요하게 미측을 자극할 필요가 없었기 때문에 불가피한 선택이었다고 생각한다.

트럼프는 본인의 저서 《거래의 기술》에서 원하는 거래를 성사시키는 얻는 방법에 대해 이렇게 설명했다.

"내가 거래를 성사시키는 방식은 아주 간단하고 분명하다. 목표를 높게 잡은 뒤 전진에 전진을 거듭할 뿐이다."

베츠 대표는 트럼프가 만족할 만한 상징적인 숫자를 향해 다시 브레이크 없는 폭주기관차처럼 질주했다. 우리 협상단이 제시할 수 있는 협상안은 더 이상 존재하지 않았다. 장원삼 대표는 베츠의 이러한 제안에 충격을 받았다. 여태까지 ⑩차에 걸쳐 신뢰를 가지고 고위급 협의를 진행해왔다고 생각했는데 그동안의 노력이 그야말로 도루묵이 되어버린 것이었다. 깊은 회의감과 유감을 표현했고, 더 이상 회의를 진행할 수 없었다. 그래서 장원삼 대표는 베츠 대표에게 회의 중단을 요구했다. 그리고 이 상황을 보고하기 위해 청와대로 향했다.

12월 12일 오전, 정의용 국가안보실장은 우리 협상단에게 아래 3가지 의견을 미측에 강하게 개진하고 입장 추이를 지켜보자고 지시했다.

"첫째, 미측의 어제 제안은 협의 시작단계로 되돌아가는 것으로, 지금까지의 협의과정 진전을 무시한 채 처음부터 다시하자는 이야기인 바, 우리 정부로서는 매우 놀랍고 유감스럽다. 이는 외교협상의 기본 룰을 일방적으로 깨는 것으로 협의를 하지 말자는 이야기로 들린다.

둘째, 우리 정부는 그간 제⑩차례의 협의에 진지한 자세로 임했으며 우리가 할 수 있는 최대한의 성의를 표시하였다. 우리는 양국이 동맹으로서 합리적인 협의를 기대해왔으며, 이에 따라 우리 나름의 합리적인 안을 전달했으나, 어제 미측 제안은 우리 입장을 완전히 무시한 것이다. 미측은 우리안에 대해 합리적인 평가부터 제시해주기를 바란다.

셋째, 어제 미측 안은 우리로서는 검토조차 하기 어려운 제안이다. 우리로서는 이번 협의 동안 합리적인 수준에서 양측이 합의에 도달할 수 있기를 아직도 희망하고 있다. 미측이 좀더 진지한 자세에서 협의가 가능하게 될 때 연락주기를 바란다."

12월 12일 늦은 오후, 장원삼 대표는 베츠 대표와 비공식 대화를 가졌다.

"10억 달러와 유효기간 1년 +옵션 연장, 증가율 0%를 비공식적으로 검토해주길 바란다."

　베츠가 제시한 안이었다. 베츠는 트럼프가 원하는 숫자를 어떻게든 받아내려고 했다. 장 대표는 다시 이 제안을 가지고 청와대로 향했다. 하지만 정 실장은 "1조 원을 넘지 않는 안을 전달하라"는 지침을 내렸다.

　우리 협상단은 적막감이 흐르는 한국국방연구원 대회의실에서 손발이 묶인 처지가 되었다. 양국 협상단 차원의 고위급 협의로는 간극을 좁힐 수 없는 상황이었다. 협상단이 할 수 있는 일은 극히 제한적이었다. 양국 협상 대표는 회의장 밖으로 나가 강경화 외교부 장관과 폼페이오 국무부 장관에게 각각 이 사실을 보고 했다.

　12월 13일, 양측 협상단은 한국국방연구원 대회의실에 모여 우리가 제안한 최종안에 대해 강경화 장관과 폼페이오 장관의 최종 전화 담판 결과를 초조하게 기다렸다. 미측 협상단에서 전해온 폼페이오 장관의 반응은 강경했다.

"트럼프 대통령의 지침이기 때문에 10억 달러와 유효기간 1년은 변경할 여지가 없습니다."

두 장관은 양국 협상대표에게도 이 내용을 알렸다. 이제 더 이상의 회의 진행은 무의미해졌다. 그렇게 ⑩차 고위급 협의가 결렬되었다.

이날 오후 NSC 상임위원회에 긴급안건이 상정됐다. 미측의 제안에 대한 우리 정부의 입장을 정리하기 위한 토의였다. NSC 상임위원회는 미측의 제안을 수용할 수 없다는 입장과 함께 우리가 제안한 총액과 관련된 기존이 모든 제안을 철회하고 제9차 SMA를 자동 연장하는 것으로 최종 입장을 결정했다.

그리고 장원삼 대표는 우리 정부의 NSC 결정사항을 그날 저녁 베츠 대표에게 전달했다. 이제부터는 끝을 알 수 없는 양국 최고 의사결정권자들의 치킨게임, 또는 전격적인 담판만이 남게 되었다.

트럼프를
이기는
협상

한미방위분담금 협상을
기록하다

4부

협상 연장전

시민이 필요한 이유, 투 레벨 게임

⑩차 고위급 협의가 아무런 성과를 내지 못하고 허망하게 끝나자, 수면 아래서 움직이던 빙산이 모습을 드러내고 본격적으로 압박을 가해왔다. 트럼프는 12월 24일 자신의 트위터에 다음과 같은 글을 남겼다.

<출처 X @realDonaldTrump>

"우리는 매우 부유한 국가의 군대에 실질적으로 보조금을 지급하고 있지만 이들은 무역에서 미국과 미국의 납세자를 완전하게 이용하고 있다. 매티스 국방장관은 이것을 문제로 보지 않지만 나는 그것을 문제로 보고 고치는 중이다."

그리고 "동맹국을 존중해야 한다"고 트럼프에게 편지를 보냈던 제임스 매티스 미 국방부장관은 2018년 12월 31일 해임됐다. 트럼프 행정부에서 대한민국의 방위비 분담금 기여에 대해 상대적으로 긍정적인 입장을 보여온 매티스 국방장관의 해임으로 제10차 SMA 협상은 점점 미궁 속으로 빠져들었다.

트럼프의 트위터가 공개되고 얼마 되지 않은 12월 28일 저녁, 해리스 주한미대사는 정의용 국가안보실장을 만나기 위해 청와대를 찾았다. 이 내용은 한 달여가 지나 익명의 외교소식통을 통해서 2019년 1월 22일 언론에 보도가 되었다. 해리스의 목적은 우리가 제⑩차 고위급 협의 때 제안한 안에 대한 트럼프의 지침을 청와대에 공식적으로 전달하기 위해서였다.

"10억 달러 이상, 유효기간 1년'이 최소 요구 조건입니다. 대한민국이 제안한 안은 수용할 수 없습니다."

해리스 대사의 일방적인 통보였다.

주한미군사령부도 이에 보조를 맞춰 전국 주한미군 한국인 노조 측에 한미방위비분담금 협상이 타결되지 않을 경우 2019년 4월 중순부터 강제 무급 휴직을 실시할 수밖에 없다고 공문을 보냈다. 협상 타결을 압박하는 지렛대로 주한미군 한국인 근로자 해고 카드를 활용하겠다는 의도였다. 한편에서는 한미동맹을 외치면서도, 다른 한편에서는 동맹국의 팔을 비틀어서라도 원하는 것을 얻어내겠다는 의도를 여실히 드러낸 조치였다.

정의용 실장은 해리스 대사에게 제안했다.

"연내 협상 타결이 불가능할 경우 주한미군 한국인 근로자의 1~2개월 인건비를 우선 지급하는 방안을 먼저 협의해보시죠."

"그럴 수 있는 법적 근거가 없습니다."

해리스 대사의 답변이었다.

우리는 미측의 부당한 압박에 대응하기 위해 본격적으로 여론전에 나섰다. 정의용 실장은 2019년 1월 7일 국회 외교통일위원장과 여야 간사단을 초청해 비공개 조찬을 가졌다. 당시 외통위원장은 강석호 자유한국당 국회의원이었는데, 기꺼이 조찬 일정을 주선해 주었다. 정 실장은 강석호 위원장에게 "국회가 나서서 조속한 방위비 협상 타결을 촉구하기 위해 외통위 전체 회의를 개최달라"고 요청했다.

투 레벨 게임의 본격적인 시작이었다. 국가 간 협상이라는 외부 게임과 국내 정치라는 내부게임이 두 차원에서 동시에 진행되는데, 이번에는 국회와 여론이 내부 게임의 주축이 된 것이다.

1월 9일, 정 실장은 정세균 국회의장과 더불어민주당 이해찬 대표, 이인영 원내대표, 이수혁 외통위 간사, 이철희 국방위 간사 등 더불어민주당 지도부를 직접 찾아 상황을 공유하고 1월 말 타결을 위해 국회 차원에서 보다 적극적으로 나서달라고 요청했다.

나는 정의용 국가안보실장을 수행해 국회를 함께 찾았다. 정 실장은 미측이 협상을 완전히 뒤엎고 무리한 압박을 가해오고 있는 상황을 국회에 상세히 설명했다. 어느 정도의 범위 내에서 수용이 가능할 것인지도 집권 여당이던 더불어민주당 국회의원들과 허심탄회하게 의견을 나눴다. 그동안 장원삼 대표가 국회 외통위, 국방위 소속 국회의원을 만나 협상의 진행 상황에 대해 긴밀하게 소통을 진행해왔던 터라 국회에서도 국익을 위해 여야를 넘어 협조해야 한다는 분위기가 조성되어 있었다.

1월 15일, 이날도 정 실장은 국회를 찾았다. 여당인 더불어민주당과 함께 외통위·국방위 국회의원 연석회의를 열었고, 나경원 자유한국당 원내대표를 따로 찾아가 협상 진행상황을 공유하며 야당의 협조를 요청했다.

국회에 협조를 요청하는 정의용 국가안보실장의 노력으로 국회 차원에서는 힘이 하나로 결집해 갔다. 1월 21일 국회 외교통일위원회는 '국민이 납득할 협정을 타결해야 한다'며 협상 촉구 결의문을 발표했다. 정세균 국회의장과 여야의 중진 의원들도 협상 타결을 촉구했다. 뿐만 아니라, 야당인 자유한국당에서도 우려를 표시했다. 방위비분담금 협상이 깨지게 되면 한미동맹에 위협이 된다는 것이었다.

이 무렵 협상단은, 협상단의 협의 진행은 더 이상 의미가 없다고 판단하고, 다보스포럼(1.22~25)과 뮌헨안보회의(2.15~17) 계기에 강경화 외교부장관과 폼페이오 미 국무장관 간의 직접 협의 타결을 추진하고 있었다. 한미동맹의 안정적인 관리를 위해 협상은 신속히 마무리 되어야 했다.

1월 22일, 우리 정부가 미측에 변경된 협상안을 다시 제안했다.

"총액 1조 389억원에 증가율 0%, 유효기간 1년. 양국이 합의하면 1년 연장 가능"

우리의 심리적 마지노선인 1조원을 넘는 금액이었다. 2018년 방위분담금에 2019년 국방비 증가율 8.2%를 적용한 금액이었다. 하지만 미측은 하루 만에 수용할 수 없다는 입장을 전했다.

이때는 2차 하노이 북미회담이 조율되고 있는 상황이었다. 방위비분담금 협상으로 한미동맹이 균열되고 있는 모습을 보이는 것은 한미 모두에게 결코 바람직 하지 않다는 공감대가 워싱턴 D.C.와 서울에서 동시에 형성되고 있었다. 최대한 조용히 빠르게 합의를 끝내야 한다는 압박이 양국 모두에게 가해졌다.

관건은 국민여론이었다. 당시 방위비분담금 협상 관련 국민여론조사를 YTN에서 1월 25일 발표했는데, 미측의 요구 수용 반대 여론이

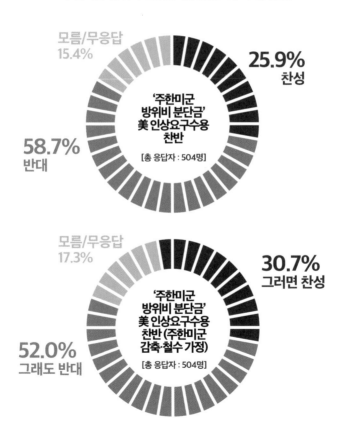

<‘주한미군 방위비 분담금’ 美 인상요구 수용 찬반>

모름/무응답 15.4%

25.9% 찬성

‘주한미군 방위비 분담금’ 美 인상요구수용 찬반

[총 응답자 : 504명]

58.7% 반대

모름/무응답 17.3%

30.7% 그러면 찬성

‘주한미군 방위비 분담금’ 美 인상요구수용 찬반 (주한미군 감축·철수 가정)

[총 응답자 : 504명]

52.0% 그래도 반대

58.7%였다. 또한 협상이 안 되어 주한미군이 철수하거나 감축한다면 우리 정부는 어떻게 해야 한다고 생각하느냐에 따른 질문에도 '그래도 반대해야 한다'는 의견이 52%였다. 우리 국민들의 뜻은 매우 확고했다.

2월 2일 미측은 드디어 태도를 바꿨다. 우리의 제안을 수용한 것이다. 다만 '연장 없는' 유효기간 1년만을 고수했다. 다시 1년간 전열을 정비해 2019년에 바로 제11차 SMA 협상을 시작하겠다는 의도가 담겨 있었다. 2월 27일 하노이 북미 2차 회담을 앞두고 있는 상황에서 더 이상 힘겨루기 할 틈이 없었다. 그리고 마지막까지 군수지원 분야 쟁점으로 남아있던 '비한국인업체 계약'에 대해 우리 정부도 미측의 요구를 수용하겠다는 의사를 밝혔다.

2월 10일, 양국 협상 대표가 서울 외교부 청사에 모여 제10차 특별협정문에 가서명을 하고, 국회 비준동의를 절차를 밟게 됐다. 드디어 협상이 타결된 것이다. 협상을 시작한 지 11개월 만이었다. 가서명한 특별협정문은 법제처 심사와 국무회의 의결이 되어 국회에 송부되고 4월 5일에 국회 비준동의 절차까지 마무리했다.

돈 보다 더 중요했던 미래의 원칙

11개월 간의 협상으로 우리는 무엇을 잃고 무엇을 얻었을까.

<제10차 방위비 분담금 특별협정 제도개선 요약>

구분		개선 내용	기대 효과
군사건설	예외적 현금지원	· 예외적 현금지원 조항 삭제 → 설계·감리비外 전면 현물지원 · 非한국업체 조건부 허용 ① 미국 군사적 소요 ② 가용현금 부족 ③ 상호 협의 및 합의 조건	· 현물지원 체제 강화
	설계·감리비	· %內(현금지급분) 未집행분 발생시 차년도 현금 지원분 삭감 (삭감분은 현물지원분으로 전환)	· 미집행 현금 발생·누적 방지
	사업선정	· ▲韓, 추가사업 제안 가능 · ▲美, 군사건설 5개년 계획 제공	· 한측 참여 및 권한 확대
	집행상 한측 권한	· 설계 과정 전반에 걸쳐 우리 국방부 관여 확대	

구분		개선 내용	기대 효과
군수비용	未집행분 이월	· 이월 조건부 허용 - ▲연내 계약완료 또는 ▲12.1限 입찰 공고된 사업만 이월 허용 - 연말까지 未집행분을 군수지원內 공공요금으로 지출 가능	· 국가재정법과 합치 도모
	집행상 한측 권한	· 美사업 목록 및 수정 사항 매분기 제출 · 美, 한국업체 자격 요건 증빙 서류 매년 제출	· 한측 모니터링 강화
인건비	인건비 분담비율	· 상한 철폐/75% 이상 지원 노력 의무 규정	· 고용안정성 제고
	한국인근로자 복지·안녕	· 조약(본 협정)上 양국 관계당국의 복지·안녕 증진 '노력 의무' 로 격상	· 근로자 권익 보호 중요성 강조
제도개선 W/G		· 군사건설 소요형 전환 포함, SMA의 중장기 제도개선을 논의하는 Working Group 구성	· 제도개선 사항 상시적 협의

<출처 외교부>

미국은 '작전지원' 항목을 신설해 방위비분담금의 틀을 바꾸고자 했다. 이렇게 하면 총액이 늘어나는 것은 물론, 향후 새로운 항목 '신설'의 선례 근거가 될 수 있다. 그러나 문재인 정부는 미측의 협상전략을 무력화시키면서 총액의 급격한 인상을 막았고, 나쁜 선례를 만들지 않았다. 이후 문재인 정부 들어 두 번째로 체결된 제11차 SMA 또한 신설항목은 없었다.

미국은 방위비분담금을 한미연합방위태세 강화 목적을 '넘어서' 사용하고자 하는 의도를 노골적으로 드러냈다. 이것은 '트럼프 시대'만의 특이한 현상은 아닌 것으로 보인다. 미국의 인도태평양전략과 대중국 군사전략에서의 큰 변화를 반영한 것이다. 이로 인해 '붙박이군' 성격의 주한미군의 역할 변화, 주둔 병력의 감축이 멀지 않은 시간 내에 이뤄질 것으로 예상된다. 이 부분은 향후 SMA 협상에 참고할 중요한 대목이다.

미국은 자국의 안보전략과 중국을 견제하기 위한 군사전략의 변화로 발생할 수 있는 재정적인 부담을 대한민국에 전가시키기 위한 의도를 제10차 SMA 협상 과정에서 구체적으로, 그리고 노골적으로 드러냈다. 미측은 방위비분담금을 미 국방비의 부족분을 보충해 주는 수단으로 활용하고 싶어 했다. 또한 현물지원 원칙을 거부하고 현금지원 방식으로 되돌려 주기를 강하게 압박했다. 대한민국이 분담하는 방위비분담금을 미 인도태평사령부와 미 본토에서도 자유롭게 쓸 수 있도록 하려면 대한민국 정부의 현금지원이 절실했던 것이다.

하지만 미측의 이러한 의도는 방위비분담금 협정의 본래 취지에 어긋나는 것이었다. 따라서 '작전지원' 항목을 방위비분담금 구성 항목에 반영해야 한다는 미측의 거센 요구를 막아낸 것은 중요한 의미를 지닌다. 한반도 주변의 안보환경 변화와 주한미군의 역할 변화에 따라 다시 펼쳐질 향후 방위비분담금 협상 과정에 우리의 협상력을 높이는 데 긍정적인 영향을 미칠 것으로 예상한다.

또한 제10차 SMA 군사건설 분야에서 '예외적 현금지원' 문안을 모두 삭제해 현물지원 체제를 보다 강화한 것은 매우 큰 의미가 있다. 제9차 SMA 협정에서 '이면 합의' 논란이 일었던 민감특수보안시설에 한정해 예외적으로 현금을 지급할 수 있는 문구와 근거도 모두 삭제했다. 예외적인 현금지원 가능 문안 삭제는 큰 의미가 있는 협상결과였다. 매년 집행하지 않는 현금을 계속 쌓아 이자 놀이를 하고 있다는 비판이 제기 되고 있는 상황에서 이를 원천적으로 차단할 수 있게 만든 것이다.

주한미군사령부만 미국과 대한민국 의회의 감시와 통제를 받지 않는 치외법권이 되어서는 곤란하다. 그동안 주한미군사령부는 미집행 군사건설지원비를 마냥 현금으로 쌓아두고 이 돈으로 이자 놀이를 하고 있었다. 과거 방위비분담금 협상에서는 이러한 문제점을 방치했다. 이것을 드러내는 것이 한미동맹을 약화시킬까 하는 우려에서 그랬을 수도 있다. 하지만 우리는 이러한 사실을 모두 공개했고, 그것이 한미동맹을 약화시키지도 않았다. 이는 중요한 성과이다.

군수지원 분야에서는 미집행 현물지원분을 자동으로 이월시킬 수 없도록 제도를 개선했다. 국가재정법과 일치되도록 한 것이다. 협정에서 보장하는 총액을 지원한다는 의미에서 미집행 현물지원분을 연말까지 공공요금으로 전용하여 지출할 수 있게 했다. 주한미군이 쓰는 전기, 상수도 요금까지 방위비분담으로 지원하는 것이 맞느냐는 비판을 제기할 수도 있다. 하지만 주한미군이 현금으로 축적하거나 미집행금으로 자동 이월시키는 것보다는 낫다. 우리는 대한민국의 국가재정법과의 충돌이 벌어지지 않는 범위에서 미측과 협상을 한다는 원칙을 세웠다. 우리에게는 원칙을 지키고 기준을 세우는 것이 얼마의 돈보다 중요했다. 이 원칙은 향후 협상과정에 중요한 기준으로 작동할 것이기 때문이다.

국방비 증가율 8.2% 만큼 방위비분담금을 인상한 것에 대해 너무 큰 폭의 인상이라는 비판 여론이 있기도 했다. 하지만 국방예산대비 비율로 비중을 따져보면 10,389억원은 당시 국방예산의 2.22%에 해당한다. 이는 총 11차까지의 협정 중에서 2번째로 낮은 비율이다. 1차의 1.4% 비중에 이어 2번째로 낮은 국방 예산 대비 분담금 비중인 것이다.

트럼프는 민주당 출신의 대통령과 다른 면모를 보여주고 싶었던 것 같다. 협상의 능력자로서 남들이 못 풀었던 문제를 풀겠다는 생각도 있었던 게 아닌가 싶다. 트럼프는 세계 평화에 기여하면서 자신의 정치력을 돋보이게 하는 그림을 원했던 것은 아니었을까.

하지만 트럼프는 '가까스로' 원하는 돈의 일부를 얻었다. 그가 원하는 금액에 가까운 금액이었지만, 단지 그것뿐이었다. 문재인 정부의 협상단은 과거의 불합리를 교정했다. 그리고 새로운 기준을 세웠다. 그 기준은 대한민국이 앞으로도 미국과 대등하게 주권국가로서 협상하는 데 기틀을 만들어 준 것이었다.

연극이 끝나고 난 뒤

양국 협상대표가 협정에 가서명을 하기로 결정한 2018년 2월 초순경, 장원삼 대표는 정의용 국가안보실장에게 보고하러 청와대에 오는 길에 나를 찾았다. 제10차 SMA 협정문에 가서명하는 자리에 꼭 참여해 달라고 요청했다. 함께 고생했으니 협정문이 가서명되는 마지막 자리에도 같이 하자는 장 대표의 요구를 나는 고사했다.

2019.2.10. 미측 티모시 베츠 대표 와 우리측 장원삼 대표가 가서명하고 있다.
<출처 외교부>

나는 협상의 마지막에 이르러 결정된 내용에 아쉬움이 있었다. 군수 지원은 국내 업체로만 계약해야 한다는 것과 군사건설뿐 아니라 군수지원 항목에서 예외적인 현금지원은 절대 불가하다는 것, 이 두 가지는 반드시 지키고 싶었다. 하지만 이 두 가지 요구를 모두 지키겠다는 우리의 바람은 미측 협상단의 강한 반발에 부딪쳤다. 미측의 이러한 태도는 협상 마무리 단계에서 주로 사용하는 전형적인 니블링Nibbling 전략이었다. 총액과 같은 핵심적인 내용이 합의에 도달하게 되면, 다소 작거나 사소해 보이는 부분을 추가로 요구해 관철하는 전략을 미측 협상단은 활용했다. 베츠 대표는 협상 전체가 깨질 것처럼 요구해 우리 협상단이 제안을 수용 할 수밖에 없도록 만들었다.

장원삼 대표는 제10차 SMA 협상을 마무리 짓기 위해 예외적인 현금지원은 모두 삭제하고, 군수지원 항목에서 꼭 미국 업체가 해야 하는 경우에 한정해 한국업체가 아니더라고 계약을 맺을 수 있도록 한발 물러서자고 요구했다. 협상 자체를 마지막에 깰 수 없다는 측면에서 둘 가운데 하나를 선택하는 것은 불가피했다.

물론 한국인의 지분비율이 50%를 넘어야만 한국업체로 지정한다고 하더라도, 바지사장을 내세우거나, 명의신탁이나 지주회사를 통해 한국인이 소유한 것처럼 꾸밀 수 있었다. 법망을 교묘히 피해가는 이런 방법들을 원천적으로 차단하는 것은 불가능했다. 내 생각만을 끝까지 밀어붙일 수 없는 현실적인 이유들을 나도 잘 알고 있었다. 그럼에도 울컥하고 화가 났다. 그런 감정을 추스를 시간이 필요했다.

2019.3.8. 서울에서 「한·미 방위비분담특별협정(SMA)」 서명한 강경화 외교장관과
해리 해리스 주한미군대사
<출처 외교부>

2019년 4월 5일, 제10차 SMA가 국회에서 비준동의 절차를 마쳤다.
나는 이재웅 부대표와 장원삼 협상 대표로부터 전화를 받았다. 협상
대표와 부대표들이 논의한 결과 외교부 장관에게 내 표창장을 요청
했다는 것이었다. 많이 다투고, 얼굴도 붉히면서 만 1년 8~9개월 간
협상을 위해서 달려온 시간들이 주마등처럼 스쳐갔다. 협상에 전념한
시간이 아깝지 않았으나 협상의 결과에는 아쉬움이 남았었다. 이 아
쉬움을 달래주려는 장원삼 협상 대표의 배려에 감사했다.

미국은 대한민국뿐 아니라 전 세계 28개 국가와 상호방위조약을 맺
고 있고, 많은 나라들과 방위비분담금 협상을 한다. 이들 나라 가운데

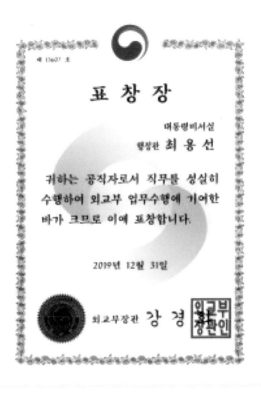

볼 때마다 만감이 교차는 표창장

대한민국은 미국이 크게 관심을 두고 있는 나라다. 주둔하고 있는 미군의 병력이나 규모가 다른 나라에 비해 월등한 차이가 있고, 한미동맹의 질적인 변화를 요구하는 목소리가 존재하고 있는 곳이 바로 대한민국이기 때문이다.

이러한 요구에 발맞춰 한미동맹을 저해하지 않으면서도 투명하고 호혜적인 방위비분담은 어떻게 가능할까를 고민하는 시간이었다. 내가 일한 문재인 정부는 촛불 혁명을 통해서 탄생했다. 헌법과 법률을 위반한 박근혜 대통령도 탄핵한 나라가 대한민국이다. 헌법의 불합치 문제, 법률과 충돌되는 문제에 대해 문재인 정부는 어떻게 대응했느냐는 비판이 제기됐을 때, 그 비판에 떳떳할 수 있는 협상의 결과를 만들고 싶었다. 그리고 그 고민에 대한 답을 보여준 것이 바로 제10차 SMA 협상이었다.

트럼프를 이기는 협상

제10차 SMA는 이기는 협상이었는가. 목적이나 기준에 따라 평가는 달라질 수 있다. 유효한 평가 방식은 제10차 SMA가 빚어낸 효과, 그것이 적용된 결과라고 본다. 결과적으로 나는 '이기는 협상'이었다고 평가한다.

2019년부터 제10차 SMA 체제가 적용됐고, 2024년 현재까지 5년이 흘렀다. 이 5년 간의 실제 집행 과정을 살펴보면 제10차 SMA 협상이 '이기는 협상'이었는지, 아니었는지에 대한 냉정한 평가를 할 수 있을 것이다. 이기는 협상이었다는 내 평가의 근거를 다섯 가지로 요약해 본다.

첫째, 제10차 SMA에서 우리는 방위비분담금 구성 항목의 변화를 막았다. 구체적으로, 미측의 작전지원 항목 신설 요구를 들어주지 않았다. 작전지원 항목을 지렛대 삼아 총액을 늘리려는 게 미측의 속셈이었다. 제10차 SMA 비준동의 당시 우리 국회는 "차기협상에 있어서 주한미군의 주둔경비 분담이라는 방위비 분담 특별협정의 기본취지를 살려 작전지원과 같은 추가 항목이 신설되지 않도록 한다"고 까지 부대의견을 첨부했다. 제11차 SMA 협상에서 미측은 다시 '준비태세'Readiness 항목의 신설을 요구하면서 총액 늘리기를 시도했다. 하지만 우리 정부는 제10차 SMA에서 '작전지원' 항목 신설을 반대했던 논리를 토대로 미측의 철회를 이끌어 냈다. 제12차 SMA 협상에서도 이러한 틀은 유지됐다. 제10차 SMA의 '원리'가 11차, 12차에까지 적용된 것이다. 결과적으로 미측은 급격하게 방위비분담금 총액을 늘만한 항목을 지금까지 반영하지 못했고, 그들이 마음대로 가져다 쓸 수 있는 현금 지급 명분을 여전히 만들지 못했다. 제10차 SMA의 파급효과이다.

둘째, 현금 지원이 늘어나기는 했다. 중요한 건 내용이다. 한국인 근로자 인건비 분담 지원분이 대폭 상승한 것이다. 주한미군사령부에서 근무하는 한국인 근로자는 매년 약 8,500명을 수준이다. 제9차 SMA가 적용된 2018년까지는 한국인 근로자 인건비 총액 5,716억원 가운데 약 65% 수준인 3,710억원을 방위비분담금으로 지급했다. 제10차 SMA 체제가 적용된 2019년부터는 약 85% 수준을 방위비분담금으로 지급하고 있다. 2023년 기준으로 한국인 근로자 인건비 총액 6,012억원 가운데 85%인 5,130억원을 방위비분담금으로 지급하고 있는 셈이다. 이처럼 대한민국 정부가 부담하는 방위비분담금 총액이 늘어났다고 하더라도, 증액된 금액을 주한미군 소속 한국인 근로자의 인건비로 배정해서 사용하는 것이니, 해외로 빠져나가는 돈이 아니다. 어쨌거나 총액을 늘리려는 미측의 요구를 들어주면서도 우리 경제로 환류할 수 있고, 국민들의 수용성이 높은 방향으로 현금 증액의 물꼬를 튼 것이다.

셋째, 제10차 SMA에서는 이전의 불합리를 교정했다. 특수민감보안시설scif 건설을 이유 삼아 예외적으로 현금을 지급할 수 있었던 조항들을 모두 삭제했다. 제11차 SMA와 제12차 SMA에서도 이 원칙은 그대로 유지되고 있다.

넷째, 군수 분야에서 매해 집행되지 않고 자동으로 이월되는 분담금 문제도 개선했다. 제10차 SMA는 입찰 공고가 된 장비, 보급품, 용역의 재원에 대해서만 이월을 보장한다고 명시했다. 또한 입찰 공고가 되지 않은 군수비용 분담 잔여 재원은 12월 31일까지 미군이 지불해야 하는 공공요금으로 지출될 수 있도록 만들어놓았다. 한미가 함께 합의하여 명시된 항목이 아니면 분담금을 이월할 수 없다는 것이 핵심 내용이다. 주한미군이 방위비분담금을 사용하기 위해서는 분명한 목적을 제시해야 하고, 동시에 투명성을 확보해야 하는 것이다. 제10차 SMA 이후 이 대목은 점차 원칙으로 확립되어 가고 있다.

다섯째, 제10차 SMA 협상 당시에 가장 논란이 되었던 방위비분담금을 활용한 역외자산 정비지원 관행이 대폭 개선되었다. 당초 "한미 연합작전계획을 우선적으로 지원하는 미측 항공기의 정비비용을 대한민국 정부가 지원하겠다"는 약속은 1989년 별도로 맺은 「한미 간 합의각서」에 따라 이뤄진 것이었다. 이때 지원 대상은 주한미군, 주일미군, 미 본토 배치 항공기를 가리지 않았다. 그리고 이 약속은 1991년 제1차 SMA가 맺어지면서 군수분야 방위비용 분담 사업의 '예외사항'이라는 단서를 달고 SMA 체제로 편입되었다. 문제는 '예외적'으로 적용한다고 했지만, 주일미군과 미 본토 항공기의 정비를 위한 지원규모가 주한미군 항공기 정비 비용보다 압도적으로 많았다는 점이었다. 그리고 이 문제는 제10차 SMA 비준동의 과정에서 우리 국회의 강한 반발을 불러일으켰다. 결국 제10차 SMA 비준동의 당시 우리 국회는 다음과 같이 부대의견을 달았다.

"정부는 우리 국민의 세금으로 지원되는 방위비분담금이 주한미군 주둔과 무관한 해외미군 관련 용도로 사용되지 않도록 하며, 그동안 한·미 군당국 간 합의에 따라 지속되어 온 미군 역외자산 정비 지원 관행을 개선하고 궁극적으로 폐지할 것"

2019년 10월 22일 대한민국 국방부와 주한미군사령부는 우리 국회가 지적한 '역외 자산 정비지원' 관행을 바로잡기로 합의했다. 구체적인 내용은 "대한민국 영토와 영해 밖에 배치되어 있으나 한·미 연합작전계획을 우선적으로 지원하는 미국 소유의 항공기, 지상장비, 기타장비의 보수 및 정비 지원을 점진적으로 축소한다"는 내용이었다. 5년이 지난 지금, 과연 이 약속은 지켜지고 있을까. 국방부가 대한민국 국회에 제출한 자료를 토대로 살펴보니, 2020년 이후 방위비분담금을 활용해 대한민국 영토와 영해 밖에 배치된 미군 자산에 대해 정비를 지원하는 규모를 대폭 줄여나갔다. 더욱이 2024년 11월 4일에 한미 양국 정부는 제12차 SMA에서 "방위비분담금을 사용하는 수리·정비 용역은 한반도 주둔 자산에만 해당된다"고 합의했다. 제10차 SMA에서 우리가 적극적으로 문제를 제기해 바로잡은 사안이다. 이로써 방위비분담금을 활용한 역외 자산 정비 지원은 역사속으로 사라지게 됐다.

<제9차~제10차 SAM 협장기간(2014~2019년) 역외(주일미군) 장비 정비 지원 규모>

(단위 : 억원)

구 분	'14년	'15년	'16년	'17년	'18년	'19년	평 균
지원 금액	244	185	219	189	155	96	181

<출처 국방부>

<11차 SMA 협정기간(2020~2024년) 역외(주일미군) 장비 정비 지원 규모>

(단위 : 억원)

구 분	'20년	'21년	'22년	'23년	'24년	평 균
지원 금액	163	0	0	87	0	50

<출처 국방부>

마지막 여섯째, 외견상 총액이 증가했지만 실질적으로는 '제자리 걸음' 수준이다. 좀 더 구체적으로 살펴보면, 방위비분담금 총액이 늘어난 것처럼 보이지만, 국방예산에서 방위비분담금이 차지하는 비중은 오히려 더 낮아졌다. 제10차 SMA에서 보장한 2019년 총액은 1조

389억원으로, 국방예산 47조원 가운데 점유율은 2.22%에 달했다. 제9차 SMA 협정 기간 첫해인 2013년 2.53%보다 오히려 낮아진 수준이다. 그럼에도 총액 자체가 늘어난 점은 부인할 수 없는 사실이다.

이 부분은 '총액형' SMA 제도가 가지고 있는 한계이기도 하다. '총액형' 제도는 분담금총액의 급격한 인상을 억제 할 수 있는 장점이 있는 제도이다. 하지만 분담금 산정의 기준이 분명하지 않고 총액으로 합의한 금액은 무조건 보장해야 한다는 한계를 지닌다. 반면에 주일미군과 일본이 적용하고 있는 '소요형' SMA제도는 분담금 사용 내역을 확인할 수 있고 분담금 사용집행 과정의 투명성을 높일 수 있다는 장점이 있다.

반면에 미군이 필요로 하는 소요를 모두 충족해줘야 하고 이럴 경우 급격한 총액 인상이 가능하다는 단점도 있다. 가령, 제10차 SMA 당시 미측에서 요구했던 '작전지원' 항목이라든지, 제11차 SAM 당시 미측이 요구한 '준비태세' 항목을 요구할 경우, 소요형 SMA 체제에서는 거부하기가 쉽지 않다. 따라서 '소요형'과 '총액형' 가운데 무엇이 더 나은 제도인지, 둘을 혼합하는 방법은 없는지, 대한민국과 미국 정부 모두가 합의할 수 있는 제도 설계가 필요한 부분이다.

제10차 SMA 협상 과정에서 우리 협상단은 제9차 SMA 협정 기간의 마지막 해인 2018년 방위비분담금 총액 9,602억원에서 감액한 금액을 최초 안으로 제시했다. 우리측 제안에 대해 미측 베츠 협상 대표는 말문이 막힌다는 표정이었다. 총액 삭감을 이야기하는 장원삼 협상

대표의 입을 황당한 표정으로 바라보던 베츠의 모습을 잊을 수가 없다.

제10차 SMA 고위급 협의가 진행되던 초반에 치열한 샅바싸움을 하기 위한 최초의 안이기는 했지만, 그렇다고 감액의 명분이 없는 것은 아니었다. 우리 협상단은 제10차 SMA 첫해에 적용할 총액 안을 만들 때, 미측이 사용하지 못하고 쌓아놓은 미집행 현금을 염두에 두었다. 우리 국회가 지속적으로 개선을 요구해 온 사안이기도 했다. 군수 분야에서 연말까지 사업과제를 찾아내지 못해 무분별한 이월이 계속 이뤄진다면, 무작정 보장해줘서는 안 된다는 여론이 강했다. 또한 주한미군의 역할 변화에 따라 언젠가는 주둔비용의 변화가 이뤄질 수도 있어서 무작정 우상향으로 총액을 늘리는 협상을 해서는 곤란했다. 장원삼 대표의 최초 감액안이 나온 근거들이다. 결과적으로는 우리는 최초의 '감액안'을 관철시키지 못했다.

급격한 총액 인상을 막고, 제도개선을 통해 방위비분담금의 투명한 집행을 확보하는 방향으로 제10차 SMA 협상을 추진했다. 결과적으로 우리는 약간의 총액 인상을 내주었고, 언제라도 닥칠 급격한 총액 인상 시도를 막는 제도적 안전장치를 얻었다. 실제로 제10차 SMA의 여러 제도적 개선 사항들은 제11차와 제12차 SMA에서 힘을 발휘해 총액 인상을 억제했다. 이처럼 중장기적인 맥락을 감안한다면, 우리가 '이겼다'라는 진단이 무리는 아니라고 본다.

나오며

트럼프2.0시대 이기는 협상 전략

2018년 11월, ⑨차 고위급 협의가 미국 하와이 호놀룰루에 있는 하와이 대학교에 소재한 동서센터에서 진행되고 있었다. 협상이 진행되던 중간중간, 양측 협상단은 같은 장소에서 점심을 종종 함께 먹기도 했다. 이때로 기억하는데, 미측 협상단에 참여한 미 국무부 소속 한 서기관은 식사 중에 "방위비분담금 협상에 관한 새로운 기준을 NSC가 마련하고 있다"는 이야기를 건넸다. 그리고 "이 기준을 제10차 SMA에 적용할 것인지, 아니면 다음에 적용할 것인지는 트럼프 대통령의 결정만 남았다"고 귀띔했다.

함께 식사를 하던 한 협상단원은 "허풍이 조금 있는 인사"라며 흘려서 들으라고 했지만, 흘리듯이 내뱉은 그의 말은 멀지 않아 곧 현실이 되었다. 이 '새로운 기준'은 2019년 3월 8일 미 블룸버그 통신에 공개되어 세상에 알려졌다. 공식명칭은 '주둔비용+50'Cost plus 50이다. 핵심 내용은 모든 미군 주둔국에 전체 미군 주둔비용을 부담시키고, 동시에 주둔비용의 50%를 추가적으로, 일종의 프리미엄으로 부담하도록 요구한다는 것이었다. 나는 이러한 '새로운 지침'은 한미동맹을 모욕하는 내용일 뿐 아니라 주한미군을 '보호비'Protection money나 받는 '용병'으로 만들어 버리는 시도였다고 평가한다.

'주둔비용+50'Cost plus 50이 언론에 공개됐으니, 미측은 에둘러 말할 필요가 없었다. 제11차 SMA에서 미측의 막무가내 압박은 자명했다. 제11차 SMA 협상에는 우리도 새롭게 접근할 필요가 있었다. 이런 이유로 방위비분담금 협상 업무는 국가안보실 내에서 다시 조정이 이뤄졌다.

2019년 여름, 나는 대통령비서실 총무비서관실 인사팀 행정관으로 자리를 옮기게 됐다. 문재인 정부 초대 통상교섭본부장을 지낸 김현종 2차장이 2019년 2월에 국가안보실에 합류했다. 그리고 제11차 SMA는 대한민국을 대표하는 협상전문가인 김현종 차장이 주도하는 협상으로 바뀌었다. '주둔비용+50'에 따라 '50억 달러'를 요구한 트럼프의 협상안은 문재인 대통령의 추가 협상 중단 결정으로 합의에 이르지 못했다. 2019년 9월 시작된 제11차 SMA 협상은 2020년 4월에 중단됐다. 협상은 바이든 대통령으로 정권교체가 이뤄지고 난 뒤 2021년 3월에서야 서둘러 마무리될 수 있었다. 제10차 SMA와 비슷하게 가되, 금액만 조금 인상된 선에서 합의되었다. 우리 정부로서도 적정 범위 선에서 높여줄 필요를 느꼈다. 전년도에 협상이 중단되는 바람에 증가율이 없었던 점을 감안하여 13.2% 인상으로 합의가 이뤄졌다. 제10차 SMA 총액에 국방비 증가율이 보태진 것이었다.

트럼프 2기 행정부 출범으로 어떤 변화가 일어날 것인가를 면밀하게 준비해야 할 시점이다. 트럼프는 2021년 11월 한 언론 인터뷰에서 "한국으로부터 방위비분담금 50억 달러를 받아내지 못한 것을 가장 후회한다"고 밝힌 바 있다. 그리고 트럼프와 그의 참모들은 대선 기간 내내 또다시 방위비분담금과 관련하여 '공정한 분담'을 강조했다. 트럼프 2기 행정부에 승선할 것으로 보이는 외교안보 관련 인사들도 "미국 국민들로부터 보호 받고 싶다면 약속한 청구서를 지불하면 된다"고 말했다.

2026년부터 적용되는 제12차 SMA 협상은 2024년 5월에 첫 협의를 시작해 11월 4일에 공식 서명을 완료했다. 하지만 양국 정부가 서명한 이 12차 SMA가 트럼프 2기 행정부 체제에서 그대로 적용될 것이라고 예상하는 사람들은 많지 않다. 우리 모두의 바람과 달리, 미국 대선전에 서둘러 합의된 제12차 SMA는 트럼프 2기 행정부 체제 출범과 함께 다시 협상 테이블에 오를 것으로 예상된다. 트럼프는 2024년 10월 15일 미국 일리노이주 '시카고 경제인 클럽'과의 대담에서 이렇게 언급했다.

"나는 분담금을 다시 50억 달러로 증액하려 했고, 한국 정부도 이를 각오하고 있었습니다. (지난 대선에서) 바이든이 당선된 것을 가장 기뻐했던 사람들은 대한민국 국민이었습니다. 이후에 그들이 어떻게 한 줄 아세요? 대한민국은 나와 했던 합의를 파기Cut off했습니다. 대한민국은 바이든에게 아무것도 주지 않기로 한 것입니다. (…) 내가 대통령이었다면 대한민국은 (방위비분담금으로) 연간 100억 달러를 지불하고 있을 것입니다. 그리고 그거 아세요? 대한민국은 기꺼이 그렇게 했을 것입니다. 그 사람들은 진짜 '머니머신'이라니까요."

대한민국은 SMA가 국회의 비준동의를 거쳐야 하는 협정이다. 반면에 미국에서는 행정부 차원의 협정인 만큼 트럼프 2기 행정부 의지에 따라 재협상은 얼마든지 가능하다. 바이든 대통령 취임 직후 트럼프의 흔적을 지우기 위해 '애니씽 벗 트럼프'Anything But Trump를 강조했지만, 이제는 상황이 반대로 바뀌고 있다. 트럼프 2기 정책의 핵심도 바이든 정부의 정책을 모두 뒤엎는 '애니씽 벗 바이든'Anything But Biden에 맞춰지고 있다.

이 책을 읽고 있는 독자들이라면, 트럼프 1기 행정부 체제가 제11차 SMA에서 적용하려 했던 '주둔비용+50' 프로젝트의 재가동을 충분히 예상할 수 있을 것이다. 그리고 트럼프가 방위비와 관련하여 보여온 일관된 인식을 고려했을 때, 한미동맹은 돈으로 동맹의 크기를 따지는 관계로 비틀어질 것이 불을 보듯 빤하다.

2021년 3월, 미국 회계감사원 GAOUnited State Government Accountability Office은 흥미로운 보고서를 미 연방의회에 제출했다. GAO는 미 연방의회 산하 입법 보조기관으로, 각 부처가 연방재정을 적절하게 쓰이고 있는지를 감사하고 평가하는 역할을 하는데 우리로 치면 감사원의 역할을 하는 셈이다. 제목은 '책임분담'Burden sharing인데, 미군이 대한민국에 전력을 배치하면서 얻는 안보적 이익은 무엇인지, 그리고 주한미군 비용 가운데 어느 정도를 분담하고 있는지를 분석한 보고서였다. 내가 흥미롭게 이 보고서를 읽었던 이유는 미 정부기관에서 주한미군 주둔으로 미국이 받는 안보 혜택을 명확하게 정리하고 있기 때문이었다.

이 보고서는 "대한민국이 한반도와 역내에서 미국이 평화와 안보를 지키는 데 있어 아시아에서 가장 전략적이고 경제적인 동맹국가 가운데 하나"라는 점을 강조한다. 그리고 주한미군 주둔으로 미국이 여섯 가지 안보적 혜택을 가진다고 분석한다. 첫째는 한반도에 미군 전력이 배치되면서 중국과 북한 등 적대세력의 공격을 억제하고 우호적인 세력균형을 보장한다. 둘째는 연합군사훈련을 실시하고 미국산 무기의 구매가 이뤄지면서, 대한민국의 방어역량을 높이고, 미군과의 상호운용성도 높아진다. 셋째는 인도적 위기, 자연재해와 같은 군사적 혹은 비군사적 긴급상황이 벌어질 경우 신속한 대응이 가능하다. 넷째는 북한의 비핵화를 저지하고, 대한민국의 핵무기 개발 가능성을 낮출 수 있다. 다섯째는 강력한 한미동맹을 유지할 수 있다. 여섯째는 인도태평양 지역과 미국의 경제적 번영을 위해 중요한 '군사보급로'와 '무역로'를 만들 수 있게 해준다.

또한 이 보고서는 "2016년부터 2019년까지 4년간 매년 14.5억 달러를 방위비분담금과 평택 험프리스 기지 조성 예산으로 지원하고 있다"고 강조한다. 대한민국이 주한미군의 주둔을 지원하기 위해 적절한 규모의 '책임분담'을 하고 있다는 점을 인정하고 있는 미국 정부기관의 보기 드문 보고서인데, 과연 트럼프 2기 행정부에서 과연 이런 내용을 수용할 수 있을지는 확신이 서지 않는다. 하나 확실한 것은 트럼프 2기 행정부에서는 '책임분담'과 '공정한 분담'의 의미가 다시 정의될 것으로 보인다는 점이다. 대한민국의 기여는 또다시 과소평가가 될 것이고, 트럼프가 요구하는 상징적인 숫자를 받아들이느냐 마느냐의 문제로 한미동맹이 뒤

틀릴 것으로 예상된다.

다시 궁금해진다. 무엇이 '공정'한 것일까. 주한미군 병사들의 인건비까지 주둔국에 요구하는 것이 과연 공정한 분담인가. 주둔비용의 50%를 프리미엄으로 가산한다는 것은 어떠한 국제적 규범에 따른 것인가. 동맹국들이 알 수 없는, 동의할 수 없는 원칙과 기준으로 미국이 재정부담을 대한민국을 비롯한 동맹국에게 떠넘기려는 시도는 언제든지 반복될 수 있다.

특히 새롭게 시작하는 트럼프 2기 행정부 체제에서는 더더욱 그럴 것으로 보인다. 그러면 이제 무엇을 해야 하는가. 1기 트럼프 행정부에서 활약했던 '어른들의 축'도 모두 사라졌다. 그리고 그 빈자리는 트럼프의 의중을 더 강하게 밀어붙일 충성스러운 인사들로 채워지고 있다. 미국 외교안보 사령탑으로 불리는 국가 안보 보좌관에는 마이크 왈츠 연방 하원의원을 지명했다. 우리는 왈츠가 북대서양조약기구인 나토회원국들의 방위비 지출이 미흡하다는 비판을 공개적으로 해오며 트럼프와 보조를 맞춰왔다는 점을 주목해야 한다.

제10차 SMA 협상 막바지에 '주둔비용+50'를 백악관 NSC가 주도했던 점을 고려하면, 미국 외교안보팀의 수장인 국가안보보좌관의 인식이 이미 한미 양국 간 합의된 제12차 SMA의 재협상 여부와 시기를 결정하는 매우 중요한 요인이 될 것으로 보인다.

이제 숙제는 온전히 우리 몫으로 남겨졌다. 닥쳐올 문제를 해결하는 것은 원칙을 바로 잡는 것에서부터 시작되어야 하지 않을까. 트럼프 2기 행정부의 출발을 알리고 있는 지금, 제10차 SMA 협상 과정을 다시 꺼내어 복기하고 있는 이유다. 우리는 스스로에게 묻고, 점검해야한다. '주한미군'은 누구인지, 한반도에서 '주한미군'의 역할은 무엇인지, '주둔'한다는 것은 또 무엇을 의미하는지, 주둔에 사용되는 '경비'는 어디에 얼마만큼 사용하는지, '경비의 일부를 부담'한다는 것은 어느 정도를 이야기하는 것인지, 한미동맹에 대한 굳건하고 상호 호혜적인 공동의 목표는 여전히 유효한 것인지. 우리 스스로에게 질문하고, 답을 찾는 노력을 시작해야 한다. 당연히 같은 질문을 새롭게 출범하는 트럼프 2기 행정부에게도 똑같이 제시해야 한다. 나는 이 과정에서 우리 국민들이 이해하고, 합의할 수 있는 합리적이고 공정한 비용분담의 실마리를 찾을 수 있을 것이라 확신한다.

이 책을 써야겠다고 마음을 먹은 이유를 서문에서 이야기 했다. 트럼프가 조롱하는 '머니머신' 국가로 전락하지 않으려면, 우리는 어떤 전략을 세워야 할까. 이 책을 꼼꼼하게 읽은 독자들이라면 누구나 생각할 수 있는 내용인데, '협상 팁' 몇 가지를 제시하면서 내 이야기를 마치려 한다.

첫째, 트럼프의 '앵커링 효과'에 휩쓸리면 안 된다. 대표적인 것이 트럼프가 뱉어놓은 밑도 끝도 없는 숫자들이다. 가령, 트럼프는 주한미군 숫자를 '35,000명'이라고 했다가 어떨 때는 '40,000명'이라고 주장한다. 실제로는 주한미군 28,500명이 주둔하고 있다. 그리고 트럼프는 방위비분담금으로 "100억 달러를 받아낼 수 있다"고 공언하고 있다. 제10차 SMA 협상에서 트럼프는 방위분담금으로 최초 '50억 달러'를 받아내겠다고 으름장을 놨다가 마지막에는 '10억 달러'를 마지노선으로 삼았다. 이런 숫자는 협상 과정에 굉장히 중요한 기준점이 될 수 있다. 트럼프 2기 행정부에서 SMA 재협상이 이뤄질 경우 숫자들을 부풀릴 가능성이 크다. 상대방이 주장하는 허황된 숫자에 현혹되기 보다, 명확한 근거를 가지고 차분히 협상을 진행해야 한다.

둘째, 주한미군 감축을 무기로 대규모 방위비 증액을 요구할 수 있다. 물론 미국은 '국방수권법'에 따라 22,000명 이하로 주한미군을 감축할 경우 미 의회의 동의를 받아야 한다. 그런데 불행하게도 미국 연방상원과 연방하원은 트럼프가 속한 공화당이 다수당이다. 트럼프가 마음만 먹으면, '국방수권법'도 얼마든지 바뀔 수 있다는 말이다.

다만, 한미동맹을 다루는 많은 전문가들은 짧은 시간 내에 급격하게 주한미군 감축이 이뤄지지 않을 것으로 조심히 전망한다. 주한미군은 매년 '비전투민간인 한반도 철수작전'Noncombatant Evacuation Operations이라는 정례적인 훈련을 실시하고 있다. 한반도에 긴급 상황이 발생했을 경우를 가정하는 훈련이다. 대한민국에 거주하고 있는 미국 국적의 민간인 23만 여명을 미국 본토와 주일미군 기지 등에 원활하게 대피시키는 것이 이 훈련의 목적이다. 한반도 유사시 이들 민간인들은 주한미군이 제공하는 항공·기차·선박편으로 이미 계획되어 있는 어디론가 대피하고, 그 뒤에 일본과 미국 본토로 이동한다. 유사시 이들 인원의 대피를 위해서도 주한미군은 적정규모를 유지해야 한다. 이는 내 이야기가 아니라 연합작전계획에 능통한 다수의 군 전문가들 주장이다. 따라서 주한미군 감축을 활용한 협상전략에 말려들 필요가 없다. 앞서 살펴본 GAO 보고서처럼, 미국 내에도 현재와 주한미군이 미국의 안보전략을 지키는데 이익이라는 생각을 가진 이들도 많다. 이들을 대상으로 우리 정부가 공공외교를 더 적극적으로 펼쳐야 한다.

셋째, 우리 헌법과 국가재정법, 국가계약법 등 법률과 충돌이 발생하지 않게 SMA 협정문을 만들어야 한다. 미국 협상단은 특별협정이 미국 국내법에 충돌되지 않아야 한다고 강조한다. 미측 협상단은 종종 자국 국내법에서 근거조항이 없으면 주한미군 한국인 근로자들이 우리 국내법에 의해 보호를 받지 못하도록 SMA를 맺으려 한다. 반면에 우리는 SMA에 '예외규정'을 만들어 미국이 주장하는 내용을 보장하려 했던 경험이 있다. 굴욕외교 비판, 이면합의 논란은 이럴 때 어김없이 발생했다. 그럴 필요가 없다. 우리 국내법과 특별협정이 충돌되지 않도록 제도개선을 끊임없이 요구하고, 미국의 부당한 요구에도 우리 헌법과 국내법을 근거로 반대논리를 만들고 협상을 이끌어야 한다.

넷째, 원칙과 기준을 분명하게 세워야 한다. SMA 성격에 대해서도 분명하게 입장을 정리해야 한다. 주한미군 지위협정인 SOFA의 '예외규정'으로 SMA가 존재하고 있다. SMA는 단순히 '특별 조치 협정'의 약어가 아니다. SOFA 제5조는 "주한미군의 시설 및 구역"에 대해서만 다룬다. 따라서 이러한 "시설과 지역"을 넘어서는 비용을 청구하기 위해서는

SOFA와 SMA를 뛰어넘는 다른 논의가 필요하다. 하지만 불행하게도 트럼프는 이러한 SOFA와 SMA의 법률적인 지위를 인정하지 않으려 한다. 최근 국내에도 미 본토나 인도태평양사령부 소속 함정을 수리·정비하는 MRO 비용을 SMA로 부담해야 한다고 주장하는 이들도 나타나고 있다. 새로운 기준을 만들고 싶으면 SMA를 훼손하려 하지 말고, 새로운 정치적 결정을 뒷받침하는 새로운 협정을 맺어야 한다.

　마지막으로, 트럼프가 SMA 성격의 변화를 아무리 강력하게 요구한다고 할지라도, 국회와 국민들의 동의를 받아야 한다는 점을 명심해야 한다. 방위비분담금 협상은 미국과의 협상이기도 하지만 국민과 국회의 동의를 받아야 하는 '투 레벨 게임'의 성격이라는 점을 분명하게 인식해야 한다.

부록

[별첨1] 대한민국과 아메리카합중국 간의 상호방위조약 제4조에 의한 시설과 구역 및 대한민국에서의 합중국군대의 지위에 관한 협정 제5조에 대한 특별조치에 관한 대한민국과 미합중국 간의 협정

대한민국과 미합중국(이하 "당사자"라 한다)은 1966년 7월 9일 서울에서 서명되고 이후 개정된 「대한민국과 아메리카합중국 간의 상호방위조약 제4조에 의한 시설과 구역 및 대한민국에서의 합중국군대의 지위에 관한 협정」(이하 "주한미군지위협정"이라 한다) 중 주한미군의 유지에 수반되는 경비의 분담에 관한 원칙을 규정한 제5조와 관련하여, 한·미 동맹에 대한 굳건하고 상호적인 공약이라는 목표를 인식하면서 다음과 같은 특별조치를 하기로 합의하였다.

제1조

대한민국은 이 협정의 유효기간 동안 주한미군지위협정 제5조와 관련된 특별조치로서 주한미군의 주둔에 관련되는 경비의 일부를 부담한다. 대한민국의 지원분은 인건비 분담, 군수비용 분담, 그리고 대한민국이 지원하는 건설(이하 "군사건설"이라 한다) 항목으로 구성된다.

이 협정의 이행은 이 협정과 같은 날에 발효하도록 의도된 당사자 관계당국 간의 별도의 이행약정에 따른다.

당사자는 이 협정 이행의 책임성과 투명성을 제고하기 위하여 최대의 노력을 기울인다.

제2조

2019년의 대한민국의 지원분은 1조 389억원이다.

제3조

인건비 분담은 현금 지원으로 이루어지며, 군수비용 분담은 현물 지원으로 이루어진다.

군사건설은 현금 지원 및 현물 지원으로 이루어진다. 군사건설 현금 지원분은 설계와 시공감리에 사용된다.

각 연도의 인건비 분담금은 3회 균등 분할하여 해당 연도의 4월 1일 이전, 6월 1일 이전, 그리고 8월 1일 이전에 지급된다. 군사건설 지원분 중 설계 및 시공감리비는 각 연도의 3월 1일에 지급된다.

연도 말에 현물 지원분이 남아있을 경우 그러한 지원분은 이 협정의 이행약정에서 달리 규정하지 않는 한 다음 연도로 이월된다.

당사자 관계당국은 미집행 지원분의 최소화를 위하여 절차 수립을 포함하여 최대의 노력을 기울인다.

제4조

현물 지원의 일부로 제공되는 모든 물자, 보급품, 장비 및 용역은 대한민국의 조세로부터 면제되거나 세금을 공제한 가액을 기준으로 제공된다. 대한민국 정부가 조달하는 그러한 물자, 보급품, 장비 및 용역은 개별소비세 및 부가가치세가 면제된다. 부가가치세의 경우에는 영세율을 적용한다. 그러한 물자, 보급품, 장비 또는 용역에 대하여 조세가 부과되는 경우, 그러한 조세 지불은 비용 분담 재원으로부터 이루어지지 않는다.

제5조

당사자의 관계당국은 주한미군사령부 소속 한국인 근로자의 복지와 안녕을 증진시키기 위하여 지속적으로 노력한다.

제6조

당사자는 현행 특별조치협정 제도의 개선을 목표로 대안적 접근법을 포함하되 이에 한정되지 않는 방안을 협의하기 위해 합동실무단을 구성하여 운영한다.

제7조

당사자는 이 협정의 발효를 위하여 필요한 그들 각자의 국내법적 절차를 완료하였다는 것을 외교경로를 통하여 서로 서면으로 통보하고, 이 협정은 나중의 서면 통보일자에 발효하며 2019년 1월 1일부터 효력을 갖는다. 이 협정은 당사자의 상호 서면 합의에 의해 연장되지 않는 한, 2019년 12월 31일까지 유효하다.

이 협정의 종료는 이 협정의 합의된 절차에 따라 매년 선정되었으나 이 협정 종료일에 완전하게 이행되지 않은 모든 군수비용 분담 지원분 또는 군사건설 사업의 이행에 영향을 미치지 않는다.

발효 시, 이 협정과 이 협정의 이행약정은 2014년 2월 26일 서울에서 교환된

「주한미군지위협정 제5조에 대한 특별조치에 관한 협정 중 대한민국이 지원하는 건설의 이행 원칙에 관한 교환각서」, 「주한미군지위협정 제5조에 대한 특별조치에 관한 협정의 이행을 위한 제도 개선에 관한 교환각서」(이하 "제도개선 교환각서"라 한다) 및 2014년 6월 17일 서울에서 교환된 제도개선 교환각서 수정 서한을 대체한다.

제8조

당사자는 주한미군지위협정 제28조제1항에 규정된 합동위원회나 당사자가 임명하는 대표로 구성되는 방위비분담공동위원회를 통하여 이 협정에 관한 모든 문제를 협의할 수 있다.

제9조

이 협정은 당사자의 서면 합의에 의하여 수정되고 개정될 수 있다. 그러한 개정은 제7조에 규정된 절차에 따라 발효한다.

이상의 증거로, 아래 서명자는 그 목적을 위하여 정당하게 권한을 위임받아 이 협정에 서명하였다.

2019년 3월 8일 서울에서 동등하게 정본인 한국어본 및 영어본으로 각 2부씩 작성하였다.

대한민국을 대표하여   미합중국을 대표하여

전문

이 약정은 2019년 3월 8일 서명된「대한민국과 아메리카합중국 간의 상호방위조약 제4조에 의한 시설과 구역 및 대한민국에서의 합중국군대의 지위에 관한 협정 제5조에 대한 특별조치에 관한 대한민국과 미합중국 간의 협정」(이하 "특별조치협정"이라 한다)을 이행하는데 사용된다.

이 이행약정의 목적상, 이하에서는 대한민국(이하 "한국"이라 한다) 국방부(이하 "국방부"라 한다)와 주한미군사령부(이하 "주한미군사"라 한다)를 집합적으로는 "당사자들"로, 개별적으로는 "당사자"라고 한다.

제1절

배정액의 포괄적인 검토 및 평가

1. 한국 국방부와 주한미군사는 관련 문서 및 자료를 기초로 방위비 분담공동위원회(이하 "방공위"라 한다)를 통하여 3개 분담금 항목별(인건비 분담, 군수비용 분담(이하 "군수비용 분담"이라 한다), 대한민국이 지원하는 건설(이하 "군사건설"이라 한다))에 대한 주한미군사의 배정 소요를 종합적으로 검토하고 평가한다.

2. 필요할 경우, 관련 사안은 추가 심의를 위하여 한국 국방부장관과 주한미군사령관 간 협의에 상정될 수 있다.

3. 주한미군사는 배정 금액의 종합적인 검토와 평가를 위해 늦어도 방공위 개최 2주 이전에 관련 자료를 제공한다. 이 경우 주한미군사는 배정액의 근거가 될 수 있는 세부 자료를 한국 국방부에 제공한다.

가. 인건비 분담 관련 자료는 특별조치협정 재원으로 지원되는 고용인원 수, 이들 인원에 대한 비용 추산치, 고용인원 수와 임금의 확인된 변동사항에 관한 설명, 그리고 주한미군 소속 한국인 근로자 인력운영계획서를 포함한다.

나. 군사건설 관련 자료는 사업목록 초안 및 간략한 사업설명서, 그리고 사업설계 및 시공감리 재원의 미집행분에 관한 정보를 포함한다.

다. 군수비용 분담 관련 자료는 개별 사업목록을 포함한다.

4. 주한미군사는 2019년 각 비용분담 항목별 배정액을 특별조치협정의 발효로부터 45일 이내에 한국 국방부에 제공한다.

5. 차기연도의 비용분담 항목별 배정과 관련하여서는 아래의 절차에 따른다.

가. 주한미군사는 집행연도의 전년도 3월 15일까지 3개 비용분담 항목별 배정 추산 금액을 한국 국방부에 제공한다.

나. 각 비용분담 항목별 배정액 고려시, 방공위는 인건비 분담 배정부터 검토와 평가를 시작한다.

다. 주한미군사는 인건비 분담의 최종 배정 금액을 가장 먼저 결정한다.

라. 주한미군사는 위에서 언급된 방공위의 검토 및 평가를 충분히 고려하여, 집행연도의 전년도 7월 31일까지 최종 배정액을 한국 국방부에 제공한다.

제2절

지원 항목

한국의 특별조치협정 지원금은 원화로 지급되며, 다음 항목들에 배정된다. (가) 인건비 분담(제3절), (나) 군사건설(제4절), (다) 군수비용 분담(제5절)

제3절

인건비 분담

1. 인건비 분담 지원분은 현금으로 지급된다.

2. 주한미군사는 특별조치협정 지원금의 상당부분이 인건비 분담으로 제공된다는 점을 고려하여 소속 한국인 근로자의 복지와 안녕의 증진을 위해 지속적으로 노력하며, 정당한 이유가 있거나 그러한 고용이 미합중국군대의 군사상 필요에 배치되는 경우가 아닌 한 고용을 종료하지 아니한다.

3. 군사상 소요로 인하여 감원이 필요한 경우에는, 주한미군사는 가능한 범위까지 고용 종료를 최소화하기 위하여 노력한다.

4. 한국이 제공하는 지원분은 한국 내 주한미군사 소속 한국인 근로자들의 급료와 후생복지비를 위해서만 사용된다.

5. 주한미군사는 주한미군사 소속 한국인 근로자 인건비 전체의 75퍼센트 이상을 한국의 특별조치협정 지원분을 사용해 지급하기 위하여 노력한다.

6. 주한미군사는 3월 1일 이전에 전년도의 연간 집행보고서를 한국 국방부 계획예산관실(계획예산관)에 제공한다. 동 연간 집행보고서는 특별조치협정

프로그램으로 지원받은 고용원 수, 기관별 급여 분배 내역, 급여항목별 급여 분배 내역, 직책별 고용원 분포, 각 급여수준별 고용원 수, 월별 실제 임금 집행 내역, 고용인원 수 및 임금수준 변동 설명과 같은 상세 내용을 포함한다.

제4절

대한민국이 지원하는 건설 (군사건설)

1. 군사건설 프로그램은 현금 및 현물 지원 프로그램이다.

2. 한국 국방부가 제공하는 현금은 군사건설 사업의 설계 및 시공감리비로만 사용된다.

가. 사업설계 및 시공감리비는 연간 군사건설 배정액의 12퍼센트를 초과하지 아니한다.

나. 특정 연도에 배정되었으나 집행되지 않은 사업설계 및 시공감리 재원은 차기연도의 군사건설 현금 배정액에서 삭감되며, 이에 따라 군사건설 총 배정액을 감소시키지 않고 현물 배정액을 현금 감소액만큼 증가시킨다.

다. 계약 절차가 진행 중인 사업설계 및 시공감리 재원은 집행된 것으로 간주된다.

3. 주한미군사가 사업설계 및 시공감리를 책임진다.

4. 한국 국방부는 사업설계 과정에서 확인되고 발전된 사업 일정에 따라 건설 계약을 체결하고 건설 사업을 시행한다.

가. 모든 입찰 차액은 향후 사업을 위해 사용된다.

나. 주한미군사는 설계시방서 및 수용 가능한 사업자 목록을 한국 국방부에 제공한다.

다. 계약업체는 비한국 업체가 이용되어야 하는 특정 시설 건설을 제외하고, 미합중국 육군 공병단 극동지부가 사전에 선별한 계약 업체 목록에서 선정된 한국 업체로 한다. 이러한 특정 시설이 미국의 군사적 소요로 인해 필요하며, 동 목적을 위해 가용한 현금 보유액이 부족하다고 한국 국방부와 주한미군사가 협의를 통해 합의하는 예외적인 경우에만 특정 시설 건설을 위해 비한국 업체 이용이 가능하다. 이러한 특정 시설에 대해서는 주한미군사는 계약 대상 업체를 결정하고, 계약문서 초안을 준비하여 최종 승인과 계약을 위하여 한국 국방부에 제출한다. 공사감독 책임은 주한미군사에 위임된다.

5. 당사자들은 군사건설 지원분이 회관, 골프장, 극장 및 볼링장과 같은 위락시설들을 건설, 확장, 수리 또는 관리하는데 사용될 수 없다는 것에 동의한다.

6. 한국과 미국 표준에 부합할 것을 조건으로, 실행 가능한 범위 내에서 최대한 한국산 자재가 사용된다.

7. 당사자들은 기획, 계획, 설계, 계약, 공사 관리를 원활하게 수행하는 데 필요한 적절한 수의 인력을 군사건설 프로그램 및 사업에 투입하기 위하여 노력한다.

8. 당사자들은 군사건설 합동협조단(이하 "합동협조단"이라 한다)을 구성하여 군사건설 프로그램을 검토하고 논의한다. 당사자들은 각자 적절한 고위급 인사를 군사건설 합동협조단의 공동의장으로 임명하며, 군사건설 합동협조단의 공동의장 혹은 그들의 대리인은 필요시 회의를 소집한다.

군사건설 합동협조단은 다음과 같은, 그러나 이에 한정되지 않는 사안들에 관해 만나서 논의한다.

가. 사업 선정

(1) 주한미군사는 군사건설 합동협조단 협의를 위하여 매년 4월 30일까지 한국 국방부에 가용한 사업설명서와 함께 건설 사업 목록을 포함한 군사건설 5개년 계획 초안을 제공한다. 이 군사건설 5개년 계획 초안의 기산점은 차기연도의 1월 1일로 한다.

(2) 매년 7월 31일까지, 군사건설 합동협조단은 동 군사건설 5개년 계획 초안을 검토하고 논의하기 위하여 회의를 소집한다.

(3) 군사건설 합동협조단은 주한미군사령관이 군사건설 5개년 계획을 승인하기에 앞서 그러한 협의 결과를 주한미군사령관에게 제공한다.

(4) 집행연도 사업은 승인된 군사건설 5개년 계획에 기초하여 주한미군사에 의해 일차적으로 선정되고 우선순위가 매겨진다.

(5) 주한미군사는 집행연도의 전전년도 11월 30일까지 집행연도 건설 사업 목록의 초안 갱신본, 초기 사업 설계 목록, 그리고 간략한 사업설명서를 한국 국방부에 제출한다.

(6) 한국 국방부는 미국의 군사적 필요와 시공가능성을 고려하여 이러한 목록의 조정과 추가 사업을 제안할 수 있다.

(7) 군사건설 합동협조단은 집행연도의 전년도 7월 31일까지 이러한 목록에 대한 협의를 진행한다.

(8) 군사건설 합동협조단을 통하여 해결되지 않은 사안은 집행연도의 전년도 9월 1일 이전까지 방공위에 상정될 수 있다. 해결되지 않은 경우, 그 사안들은 해결을 위하여 집행연도의 전년도 10월 1일 이전까지 한국 국방부장관과 주한미군사령관 간 협의에 상정될 수 있다.

(9) 상기 협의 및 조정에 기초하고 이를 반영하여, 주한미군사는 집행연도 최종 건설사업 목록을 집행연도의 전년도 10월 31일 이전에 군사건설 합동

협조단 회의에서 한국 국방부에 제출한다.

(10) 추가적으로, 주한미군사는 승인된 5개년 계획을 집행연도의 전년도 11월 30일까지 군사건설 합동협조단에서 한국 국방부에 제출한다.

나. 사업수정 관리

(1) 사업 완료 지원, 추가 비용 발생 감소, 건설 일정 지연 최소화 및 개별 사업 범위의 수정 제한을 위하여, 군사건설 합동협조단은 모든 군사건설 사업을 위한 적절한 전략이 준비되도록 보장하기 위해 정기적으로 획득 계획을 검토한다.

(2) 건설 집행을 개선하기 위하여, 주한미군사는 한국 국방부를 설계 과정 전반에 걸쳐 관여시키며 최종 사업 설계는 이러한 과정에서 이루어졌던 협의 내용을 고려하여 결정된다.

(3) 더 나아가, 불필요한 건설 지연을 줄이기 위하여, 당사자들은 수정 소요에 대해 신속하게 검토하여 일정 변경 및 비용 증가에 대한 영향을 최소화한다. 당사자들은 이행합의서에 이를 위한 절차와 시간계획을 마련한다.

다. 공사 계약 및 집행 보고서

(1) 현물 군사건설 프로그램으로 체결된 모든 공사 계약서 및 수정 계약서의 사본과 분기별 집행보고서는 군사건설 합동협조단을 통해 주한미군사에 제공된다.

(2) 군사건설 현금 지원분으로 체결된 모든 공사계약서 및 수정 계약서의 사본과 분기별 집행보고서는 군사건설 합동협조단을 통해 한국 국방부에 제공된다.

(3) 분기별 집행보고서는 군사건설 합동협조단이 마련한 양식에 따른다.

(4) 군사건설 합동협조단은 어떠한 계약 문서와 보고서들이 국문과 영문으로 제공될 필요가 있는지를 결정한다.

라. 집행 문제 해결

(1) 현물 지원 절차가 작동하고 있지 않다고 양측이 판단하는 사업이나 사업들의 경우, 당사자들은 군사건설 합동협조단을 통해 문제를 해결하기 위하여 협의하고, 사업이나 사업들을 완료하기 위한 적절한 조치를 취한다.

마. 긴급 소요

(1) 최종 건설사업 목록 수립 시점에서 예상하지 못한 상황이 발생하는 경우에는 주한미군사는 오로지 군사적 필요에 근거하여 필요한 최소한의 범위 내에서 집행연도 8월 31일까지 최종 사업 목록의 일부를 긴급 소요로 대체할 수 있다.

바. 환경

(1) 환경문제는 중요하다.

(2) 당사자들은 군사건설 지원분을 환경보호를 감안한 새로운 시설을 건설하는 데 사용하도록 적극 노력한다.

(3) 새로운 건설에 군사건설 지원분을 사용시, 당사자들은 주한미군지위협정과 일치하는 현재의 환경 기준을 충족시키는 시설을 설계 및 건설하도록 노력한다.

사. 기타 문제

(1) 군사건설 합동협조단은 중요 사안들을 협의하고 해결하기 위해 노력하며, 이는 계약 분쟁, 시위 그리고 군사건설 프로그램 집행으로 인해 발생하는 소송을 포함하나 이에 한정되지 않는다.

(2) 어느 한 쪽 당사자는 그러한 중요 사안에 대해 이를 알게 된 날로부터 7 업무일 이내에 다른 쪽 당사자에게 서면으로 통보하고, 관련 자료를 수령한 날로부터 15 업무일 이내에 그 사본을 다른 쪽 당사자에게 제공한다.

9. 군사건설 사업으로 건설된 시설물은 주한미군지위협정 제2조에 따라 미측에 공여된다. 동 시설물은 주한미군지위협정의 목적을 위해 더 이상 필요하지 않게 되면 대한민국에 반환된다.

10. 군사건설 집행에 있어 당사자들의 책임은 별도의 이행합의서에 규정된다.

가. 당사자들은 특별조치협정 발효일로부터 90일 이내에 이 이행합의서가 체결될 수 있도록 최선의 노력을 다한다.
나. 이 항에서 언급된 이행합의서는 2012년 1월 27일에 서울에서 서명된 「2009-2013 방위비 분담금 특별협정에 대한 이행약정에 기초한 현물군사건설이행합의서」를 대체하며, 기존 이행합의서는 이후 대체되기 전까지 특별조치협정 및 이 이행약정과 일치하는 범위 내에서 계속 적용된다.

제5절

군수비용 분담

1. 군수비용 분담 지원분은 현물로 제공된다.

2. 군수비용 분담 프로그램에 따라, 주한미군의 상시적 또는 일시적 주둔 지원을 위해 한국 국방부는 다음과 같은 장비, 보급품 및 용역을 제공한다.

가. 한미 단일탄약군수체제(SALS-K)
나. 한미 항공탄약 공동관리 양해각서(MAGNUM)
다. 휘발유 기반 연료, 등유 및 윤활유 분배 및 저장
라. 수송 용역
마. 수리 및 정비용역

바. 가족주택을 제외한 합의된 특정 임차료

사. 기지운영지원의 일부 (공공요금 중 전기·천연가스·상수도·하수도 요금, 저장, 위생·세탁·목욕·폐기물 처리 용역)

아. 전쟁예비물자 유지

자. 차량, 장비 및 물자구입, 그리고

차. 시설의 유지 용역

3. 이 약정에 따른 군수비용 분담 사업의 이행에 있어 "한국 계약업체"는 아래와 같이 정의된다.

가. 그 모회사를 포함하여, 한국 법인세법에 따른 국내회사로서 그 국내적 지위가 회사 등기부등본 혹은 그를 대체하는 문서에 기재되어 있는 실체. 모회사는 주식변동상황명세서 상으로 다른 회사의 기발행주식 총수의 100분의 50 이상을 보유한 실체로 정의된다. 또는,

나. 한국 국적을 가진 개인

4. 당사자들은 군수비용 분담 합동협조단을 구성하여 행정절차를 간소화하기 위한 방법과 절차의 개선, 군수비용 분담 프로그램에 의한 현재 및 향후 사업에 대한 정보 공유, 계약 체결과 대금지급 과정에 대한 공동검토와 같은 군수비용 분담 프로그램에 대해 검토하고 논의한다. 당사자들은 각자 적절한 고위급 인사를 군수비용 분담 합동협조단의 공동의장으로 임명하며, 군수비용 분담 합동협조단의 공동의장 혹은 그들의 대리인은 필요시 회의를 소집한다.

5. 집행연도에 집행할 모든 사업은, 집행연도 전년도 12월 15일 이전까지, 주한미군사에 의해 확정 된 후 한국 국방부에 의해 승인된다.

가. 한국 국방부는 원래 사업목록이 집행연도 동안 예측하지 못한 사정으로 인하여 수정될 수 있음을 인정한다.

나. 당사자들은 투명한 이행을 위한 사업 수정을 관리하고 군수비용 분담 미집행 지원분을 최소화하기 위하여 다음과 같은 필요한 조치를 취한다. 이와 관련, 주한미군사는 (1) 승인된 사업 목록과 (2) 추후 수정 사항을 매 분기마다 최소 1회 한국 국방부에 제공한다.

6. 당사자들은 다음의 절차 및 내용에 따라 군수비용 분담 사업을 집행한다.

가. 주한미군사는 주한미군사가 공고하고 협상한 계약에 기초하여 장비, 보급품과 용역을 발주한다.

나. 주한미군사는 계약 대상 업체를 결정하고, 계약문서 초안을 준비하여 최종 승인과 계약을 위하여 한국 국방부에 제출한다.

다. 한국 국방부는 주한미군사의 최종 승인 요청으로부터 15일 이내에 그 결정을 서면으로 통보한다.

라. 이러한 기간 중, 한국 국방부가 승인을 위해 필요한 문서에서 누락된 문서를 주한미군사에 요청할 경우에는 그러한 자료 요청 시부터 제출까지의 기간은 제외된다.

마. 군수비용 분담 합동협조단은 한국 국방부의 승인 거절 이후 그 이견을 협의하고 해결하기 위하여 어느 한 쪽 당사자의 요청이 있는 경우 7일 이내에 회의를 개최한다. 군수비용 분담 합동협조단에서 이견을 해소하지 못한 경우, 어느 한 쪽 당사자는 이의 해결을 위해 방공위 회의를 요청할 수 있다.

바. 주한미군사는 각 사업에 대해 상호 간에 정해진 기간이 경과된 후 계약업체에 검수증명서를 발급한다.

사. 계약업체는 주한미군사에 송장을 제공하며, 주한미군사는 한국 국방부에 검수증명서와 송장사본을 제공한다.

아. 연장 가능한 군수비용 분담 계약의 경우, 주한미군사는 한국업체 자격 여부를 판단하기 위한 증빙서류를 매년 한국 국방부에 제출한다.

자. 한국업체 정의를 더 이상 충족하지 못한다고 결정되는 경우, 해당 계약업체는 계약된 기간의 사업 수행은 완료하는 것이 허용된다.

7. 한국 국방부는 계약 혹은 당사자들이 인정하는 별도의 합의가 체결되었으나 사업연도 12월 31일까지 제공되지 아니한 용역과 물품, 또는 사업연도 12월 1일까지 입찰 공고된 용역과 물품의 재원을 차기연도로 이월하는 절차를 이행한다. 입찰공고가 되지 않은 군수비용 분담 잔여 재원은 사업연도 12월 31일까지 공공요금에 지출될 수 있다. 입찰공고란 계약이 광고된 것을 의미한다.

8. 군수비용 분담 합동협조단은 중요 사안들을 협의하고 해결하기 위해 노력하며, 이는 계약 분쟁, 시위 그리고 군수비용 분담 프로그램 집행으로 인해 발생하는 소송을 포함하나 이에 한정되지 않는다. 어느 한 쪽 당사자는 그러한 중요 사안에 대해 이를 알게 된 날로부터 7 업무일 이내에 다른 쪽 당사자에게 서면으로 통보하고, 관련 자료를 수령한 날로부터 15 업무일 이내에 그 사본을 다른 쪽 당사자에게 제공한다.

9. 군수비용 분담 집행에 있어 당사자들의 책임은 별도의 이행합의서에 규정된다.

가. 당사자들은 특별조치협정 발효일로부터 90일 이내에 이 이행합의서가 체결될 수 있도록 최선의 노력을 다한다.

나. 이 항에서 언급된 이행합의서는 2009년 10월 21일에 서울에서 서명된 「군수분야 방위비용 분담에 관한 대한민국 국방부와 주한미군 사령부간의 이행합의서 (2009-2013)」를 대체하며, 기존 이행합의서는 이후 대체되기 전까

지 특별조치협정 및 이 이행약정과 일치하는 범위 내에서 계속 적용된다.

제6절

정보공유

1. 정보공유 증진을 위하여,

가. 주한미군사가 한국 국방부에 제공하는 자료의 양식은 제4절제8항다호 (3)에서 특정된 경우를 제외하고는 방공위에 의한 상호 합의를 통해 결정된다.

나. 한국 국방부는 항목별 배정액에 대한 방공위 토의 결과를 대한민국 국회와 공유할 수 있다.

다. 당사자들은 전년도 동안 각자가 개별적으로 집행 책임이 있는 전체 항목 지원분에 대한 「특별조치협정 연례집행 종합 보고서」를 준비하고, 이를 한미통합국방협의체(이하 "한미통합국방협의체"라 한다) 공동 의장에게 집행연도의 차기연도 4월까지 제출한다.

라. 주한미군사는 미집행된 군사건설 현금 지원분에 대한 상세 현황보고서를 매년 2회 한국 국방부에 제공한다.

마. 한국 국방부는 상기 보고서 및 그 밖의 정기 집행 보고서상의 정보를 군사보안을 훼손하지 않는 방식으로 대한민국 국회와 공유할 수 있다.

제7절

방위비 분담공동위원회

방위비 분담공동위원회는 한국 국방부 국제정책관과 주한미군사 기획참모부장을 공동위원장으로 하며, 어느 한 쪽 당사자의 요청에 따라 개최된다.

제8절

특별조치협정 개선 합동실무단

1. 당사자들은 특별조치협정 제6조에 따라, 다음과 같이 특별조치협정 개선 합동실무단을 구성하여 운영한다.

가. 특별조치협정 개선 합동실무단은 양 당사자의 실무자 및 각 당사자 정부의 대표로 구성된다. 각 측은 적절한 고위급 인사를 공동의장으로 임명한다.

나. 특별조치협정 개선 합동실무단은 특별조치협정 발효로부터 90일 이내에 구성되며, 제⑩차 특별조치협정의 종료 시까지 운영된다.

다. 특별조치협정 개선 합동실무단은 최소한 연 2회 소집된다. 당사자들은 특별조치협정 개선 합동실무단 회의 결과를 매년 한미통합국방협의체에 보고한다.

라. 특별조치협정 개선 합동실무단의 의제는 현 특별조치협정 제도의 개선을 목표로 각 당사자가 제안하는 사안으로 구성되며, 이는 대안적 접근법을 포함하나 이에 한정되지 않는다.

제9절

발효, 유효기간 및 개정

1. 이 이행약정은 이행약정이 발효하기 위한 그들의 국내적인 법적 요건이 충족되었음을 나타내는 당사자들 간의 외교경로를 통한 서면 통보 중 나중의 통보 일자에 발효하며, 특별조치협정의 기간 동안 유효하다.

2. 이 이행약정은 외교경로를 통하여 상호합의에 의해 수정 및 개정될 수 있다. 2019년 3월 8일 대한민국 서울에서 동등하게 정본인 한국어본과 영어본으로 각 2부씩 작성하였다.

[별첨3] 제10차 SMA 국회 비준동의시 부대의견

첫째, 정부는 차기협상에 있어서 주한미군의 주둔경비 분담이라는 방위비 분담 특별협정의 기본취지를 살려 작전지원과 같은 추가 항목이 신설되지 않도록 하고, 주한미군 유지에 따르는 모든 경비를 미측이 부담한다는 SOFA 제5조의 규정에 반하지 않는 범위 내에서 우리의 동맹기여도가 충분히 고려된 합리적인 분담기준이 마련되도록 노력할 것

둘째, 정부는 방위비분담금이 우리 《국가재정법》에 부합되게 집행될 수 있도록 회계감사를 실시하고, 연도 말까지 집행되지 않은 군수지원 분담금은 환수하도록 노력할 것

셋째, 정부는 주한미군 특수정보시설 건설에 非한국업체를 사용한 방위비분담금 지원이 이루어지지 않도록 할 것

넷째, 정부는 2,884억 원 상당인 미집행 현금이 조속히 소진될 수 있도록 하고, 그 집행현황을 지속적으로 파악하여 국회에 보고하며, 9,864억 원 상당인 미지급 현물지원분을 합리적으로 해소할 수 있는 방안을 마련하여 국회에 보고할 것

다섯째, 정부는 우리 국민의 세금으로 지원되는 방위비분담금이 주한미군 주둔과 무관한 해외미군 관련 용도로 사용되지 않도록 하며, 그동안 한·미 군당국 간 합의에 따라 지속되어 온 미군 역외자산 정비 지원 관행을 개선하고 궁극적으로 폐지할 것

여섯째, 방위비분담금 결정 방식의 총액형에서 소요형으로의 전환 등 방위비분담금 집행 상 투명성과 책임성을 제고하기 위한 제도개선을 지속적으로 추진할 것

[별첨4] 제10차 특별협정에 따른 2019년 방위비분담금 항목별 배정액 및 집행 내역

(단위: 억원)

구성항목	지원방식	세부구성항목		19년도 예산액	19년도 집행액
		합계		**5,005**	**5,005**
인건비		인건비총액의 89%			
		고용원수	8,642명		
		연간급여(b)	0.652		
		인건비총액(c=a*b)	5.641		
		인건비총액*(89%)	5,005		
군수비용		**합계**		**1,674**	**1,555.4 (韓 국방부 집행)**
	현물지원	살스케이(SALS-K)		233.68	301.28
		매그넘(MAGNUM)		69.43	79.81
		휘발유 기반 연료, 등유 및 윤활유 분배 및 저장		24.00	24.00
		수송 용역		215.08	186.60
		수리 및 정비 용역		452.38	426.94
		가족주택을 제외한 합의된 특정 임차료		–	–
		기지운영지원의 일부		–	–
		전쟁예비물자 정비		122.85	119.38
		차량, 장비 및 물자구입		141.32	131.85
		시설의 유지용역		415.26	285.53
군사건설		**합계**		**3,710**	**3,979.2**
	현금지원 (군사건설*12%)	사업설계		445.2	445.2 (美 실집행)
		시공감리			
	현물지원 (군사건설*88%)	**위치**	**최종사업***	3,264.8*	3,534 (韓 국방부 집행)
		험프리즈	부지개발		
		군산	유류공급 체계 업그레이드		
		오산	제5정찰대대 엄체호		
		워커	하수구 파이프 체계 수리 및 교환		
		캐롤	전기배선 업그레이드 2단계		
		험프리즈	여단 상위 제대 공병 대대 VWF		
		험프리즈	부사관 독신자 숙소 2단계		
		진해	실내 훈련 수영장		
분담금 총액		**10,389**			

※ 미합중국이 보유한 미집행현금 분담금 누적분은 2019년 12월 31일 기준 8억 568만원 및 2억 7,067만 달러로, 미집행현금 중 미국이 2019년 건설사업을 위해 실집행한 금액은 총 6,776만 달러 임.

※ 2019년 방위비분담금 연례집행 종합보고서 및 외교부·국방부 제출 자료 재구성

* 군사건설 분야 현물지원분의 '19년 예산액은 SMA 협정에 따른 배정액이며, '19년 집행액은 '19년 회계연도에 편성된 예산액(3,686억) 중에 집행된 내역임.

[별첨5] 국방예산 대비 방위비 분담금 비중 추이

(단위: 억원)

연도	1991	1992	1993	1994	1995	1996	1997	1998
국방예산(a)	74,524	84,100	92,154	100,753	110,744	122,434	137,865	138,000
방위비 분담금(b)	1,073	1,305	1,694	2,080	2,400	2,475	2,904	4,082
국방비 증가율(%)	12.3	12.8	9.6	9.3	9.9	10.6	12.6	6.1
점유율 (b/a, %)	1.44	1.55	1.84	2.06	2.17	2.02	2.11	2.96
연도	1999	2000	2001	2002	2003	2004	2005	2006
국방예산(a)	137,490	144,390	153,884	163,640	175,148	189,412	208,226	225,129
방위비 분담금(b)	4,411	4,684	4,882	6132	6,686	7,469	6,804	6,804
국방비 증가율(%)	△6.0	5.0	6.6	6.3	6.5	8.7	9.9	8.1
점유율 (b/a, %)	3.21	3.24	3.17	3.75	3.82	3.94	3.22	3.02
연도	2007	2008	2009	2010	2011	2012	2013	2014
국방예산(a)	244,972	266,490	289,803	295,627	314,031	329,576	343,453	357,056
방위비 분담금(b)	7,255	7,415	7,600	7,904	8,125	8,361	8,695	9,200
국방비 증가율(%)	8.8	8.8	7.1	3.6	6.2	5.0	4.2	4.0
점유율 (b/a, %)	2.96	2.78	2.62	2.67	2.59	2.53	2.53	2.58
연도	2015	2016	2017	2018	2019	2020	2021	
국방예산(a)	375,550	388,421	403,347	431,581	466,971	501,527	528,401	
방위비 분담금(b)	9,320	9,441	9,507	9,602	10,389	10,389	11,833	
국방비 증가율(%)	4.9	3.6	4.0	7.0	8.2	7.4	6.0	
점유율 (b/a, %)	2.48	2.43	2.36	2.22	2.22	2.07	2.24	

※ 국방예산 및 국방비증가율은 본예산 기준

<출처 국방부>

트럼프를
이기는
협상

한미방위분담금 협상을
기록하다